Steffen Hillebrecht

Seminare, Schulungen & Workshops professionell gestalten

Für Stefan Eß

einen bewährten Kollegen, mit dem ich vor zwei Jahren das erste Konzept für ein Seminar zur Seminarplanung gemeinsam entwickelte und umsetzte, als Dank für die langjährige, gute Zusammenarbeit!

Steffen Hillebrecht

Seminare, Schulungen & Workshops professionell gestalten

REDLINE WIRTSCHAFT
bei verlag moderne industrie

Die Deutsche Bibliothek – CIP-Einheitsaufnahme

Hillebrecht, Steffen:
Seminare, Schulungen & Workshops professionell gestalten / Steffen Hillebrecht. –
München : Redline Wirtschaft bei Verl. Moderne Industrie, 2002
(Workline)
ISBN 3-478-86020-2

http://www.redline-wirtschaft.de

Gesamtgestaltung: Karin Büchner, München
Umschlaggestaltung: mi, Jürgen Echter
Satz: Fotosatz H. Buck, Kumhausen
Druck: Himmer, Augsburg
Bindearbeiten: Thomas, Augsburg
Printed in Germany 86020/090201
ISBN 3-478-86020-2

Inhalt

Vorwort

»Von der Wiege bis zur Bahre – Seminare, Seminare ...« lautet eines der gängigen Sprichwörter zur betrieblichen Aus- und Weiterbildung. Für alle möglichen Themen und Fragen sowohl zum beruflichen Fortkommen als auch zur Persönlichkeitsentwicklung in der Freizeit gibt es entsprechende Bildungsangebote. Diese müssen nicht immer Seminare sein, auch wenn sie meistens so bezeichnet werden. Andere nennen sich Schulungen, Trainingsveranstaltungen oder Workshops, in denen Wissensvermittlung geschieht. Um eine leichtere Lesbarkeit zu erreichen, wird im weiteren Verlauf von Lehrveranstaltungen gesprochen, sofern derartige Veranstaltungen allgemein gemeint sind. Eine genauere Definition erfolgt gleich noch – ohne einige Definitionen geht es leider nicht.

Vielfältige Formen an Seminarangeboten

Vielfältiger Nutzen für alle Beteiligten

Viele Anbieter reagieren auf den Bedarf nach Seminaren und anderen Lehrveranstaltungen und nutzen die Neugier der Mitmenschen für ihren eigenen Broterwerb. Dies kann doppelten Gewinn bringen. Neben den Seminargebühren oder -honoraren besteht ein wesentlicher Anreiz darin, das eigene Wissen mit anderen zu teilen, es mit-zu-teilen. Und auch der Seminarbesucher hat neben dem Wissenserwerb oft einen weiteren Nutzen: Wo hat man z.B. schon als Kunde die Gelegenheit, das Leistungsvermögen eines Beraters in einem derart überschaubaren Rahmen kennen zu lernen? Und gleichzeitig lässt sich prüfen, ob man fachlich wie persönlich miteinander zurechtkommt.

Aus dieser Warte heraus betrachtet rate ich jedem, der ein Seminarangebot plant, dieses auch tatsächlich durchzuführen. Wer weiß, was er inhaltlich vermitteln möchte, und dazu einen Fahrplan hat, wie er es vermitteln kann, hat bereits einen wichtigen Schritt getan. Das »Was« ist damit bereits geklärt. Das »Wie«, also das Vorgehen in einer Lehrveranstaltung, ist Inhalt des vorliegenden Buches. Hierzu gebe ich eine Handlungsanleitung, und zwar anhand der eigenen Erfahrungen, die ich in den letzten sieben Jahren als Unternehmensberater und Trainer gewinnen konnte. Dabei half mir zusätzlich mein Berufsweg. Nach dem Studium arbeitete ich zunächst im wissenschaftlichen Bereich als Assistent an einem Lehrstuhl der Universität Trier. Später absolvierte ich noch zwei Jahre »Lehrausbildung« als Studienreferendar an einer Berufsschule in Rheinland-Pfalz. Viel von dem Wissen, wie man sich Lehrstoff selbst aneignet, in Lernschritte und Lernziele herunterbricht und dann an eine mehr oder weniger motivierte Klasse weitergibt, kommt mir heute bei eigenen Seminaren zugute. Dabei habe ich einen unschätzbaren Vorteil der Seminararbeit im Unterschied zur schulischen Lehrtätigkeit kennen gelernt. In der Erwach-

senenbildung sind die Teilnehmer viel motivierter und begeisterter. Sie lassen sich schneller von einem Thema, von einem Referenten einfangen, erwarten aber auch eine ganz andere Qualität in der Seminarvorbereitung. Vieles muss komprimierter und vor allem an der Anwendungspraxis ausgerichtet sein. Erwachsene lernen anders, stärker auf den Punkt gebracht, aber auch mit einem viel breiteren Erfahrungswissen im Hintergrund. Und damit sind wir bei der ersten Schwierigkeit: Erwachsene können viel bewusster als Kinder und Jugendliche beurteilen, ob ein Referent Lernstoff mit Nutzwert anbietet oder nicht. Wer sich als Seminarreferent, als Seminaranbieter nur mittelmäßig oder gar als »Absahner« profiliert, wird schnell wieder vom Markt verschwinden. Dafür funktionieren die Buschtrommeln unter den Seminarteilnehmern und den Weiterbildungseinrichtungen einfach zu gut, als dass man längerfristig mit minderwertiger Qualität durchkommt.
Neben dem fachlichen, in diesem Fall dem pädagogischen Gewinn konnte ich aber auch noch einen anderen Nutzen aus der Lehrtätigkeit ziehen. Es ist eine meiner schönsten Erfahrungen, in der Interaktion mit anderen, im Lehrgespräch, in vielen Diskussionen selbst wieder hinzuzulernen, das einmal Gelernte oder Erfahrene nie als immer gültig zu betrachten und gerade daraus viel Bestätigung und Anerkennung zu erfahren. Dies macht aus meiner Sicht einen erfolgreichen Trainer, eine erfolgreiche Trainerin[1] bzw. einen erfolgreichen Seminarreferenten aus: die Freude am Umgang mit anderen, die Bereitschaft, auch sich selbst, das eigene Wissen, die eigenen Erfahrungen zur Diskussion zu stellen. Ohne diese Bereitschaft wird man nicht dauerhaft als Trainer oder Referent arbeiten können.

Freude am Umgang mit anderen ist wichtig

Den konkreten Anlass für dieses Buch gab ein Seminar zur Frage, wie man Seminare plant. Das Seminar durfte ich für die Wirtschaftsjunioren bei der IHK für München und Oberbayern durchführen. So viel zum Hintergrund: Die Wirtschaftsjunioren sind ein Zusammenschluss von jungen Selbstständigen und leitenden Angestellten bis 40 Jahre, die sich gegenseitig fördern und helfen wollen in beruflichen Angelegenheiten und dabei auch das Soziale nicht zu kurz kommen lassen. Auf Neudeutsch nennt sich das »Networking«. Ein zentrales Problem für die Wirtschaftsjunioren ist die Gewinnung neuer Kunden, vor allem wenn man sich gerade mit einem eigenen Unternehmen selbstständig gemacht

[1] Um die Lesbarkeit zu erhöhen, sei mir erlaubt, nur eine Sprachform zu verwenden.

hat. Dazu überlegen viele »WJ'ler«, wie man Wirtschaftsjunioren gerne abkürzt, z.B. mit Seminaren Interessierte zu ihrem Betätigungsfeld zu informieren und dabei gleichzeitig ihre Sachkompetenz unter Beweis zu stellen. Was liegt näher, als Seminare anzubieten? Andererseits leiden junge Selbstständige und leitende Angestellte unter Zeitmangel. Sie können sich also selten die Zeit für längere Schulungen nehmen. Das Ergebnis dieser Rahmenbedingungen war ein Seminar von einem Tag Dauer, das die wesentlichen Elemente zur Gestaltung von Seminaren vermittelt. Gleichzeitig können die Teilnehmer prüfen, ob sie sich für eine Referententätigkeit überhaupt eignen oder ob sie nicht besser von diesem Betätigungsfeld absehen. Aufgrund der Zielsetzung des Buches werden Moderationen nicht behandelt, auch wenn dem Leiter einer Lehrveranstaltung oftmals die Rolle eines Moderators zukommen kann. Ein Moderator hat die Aufgabe, Prozesse zu steuern, sich aber in inhaltlichen Fragen neutral zu verhalten. Diese Rolle kann vor allem in Workshops gefragt sein. Wer sich für die Moderation einer Lehrveranstaltung interessiert, sei auf andere Werke (z.B. Seifert, 1996) und die Lehrveranstaltungen entsprechender Anbieter (z.B. bei den Industrie- und Handelskammern; spezialisierte Anbieter sind z.B. Fa. Moderatio, 85309 Pörnbach-Puch; Fa. Metaplan, 25451 Quickborn) verwiesen.

Steffen Hillebrecht
Im August 2002

Festlegung des Themas

Definition der Zielgruppe

Wichtige Begriffe

Nutzen für die Teilnehmer

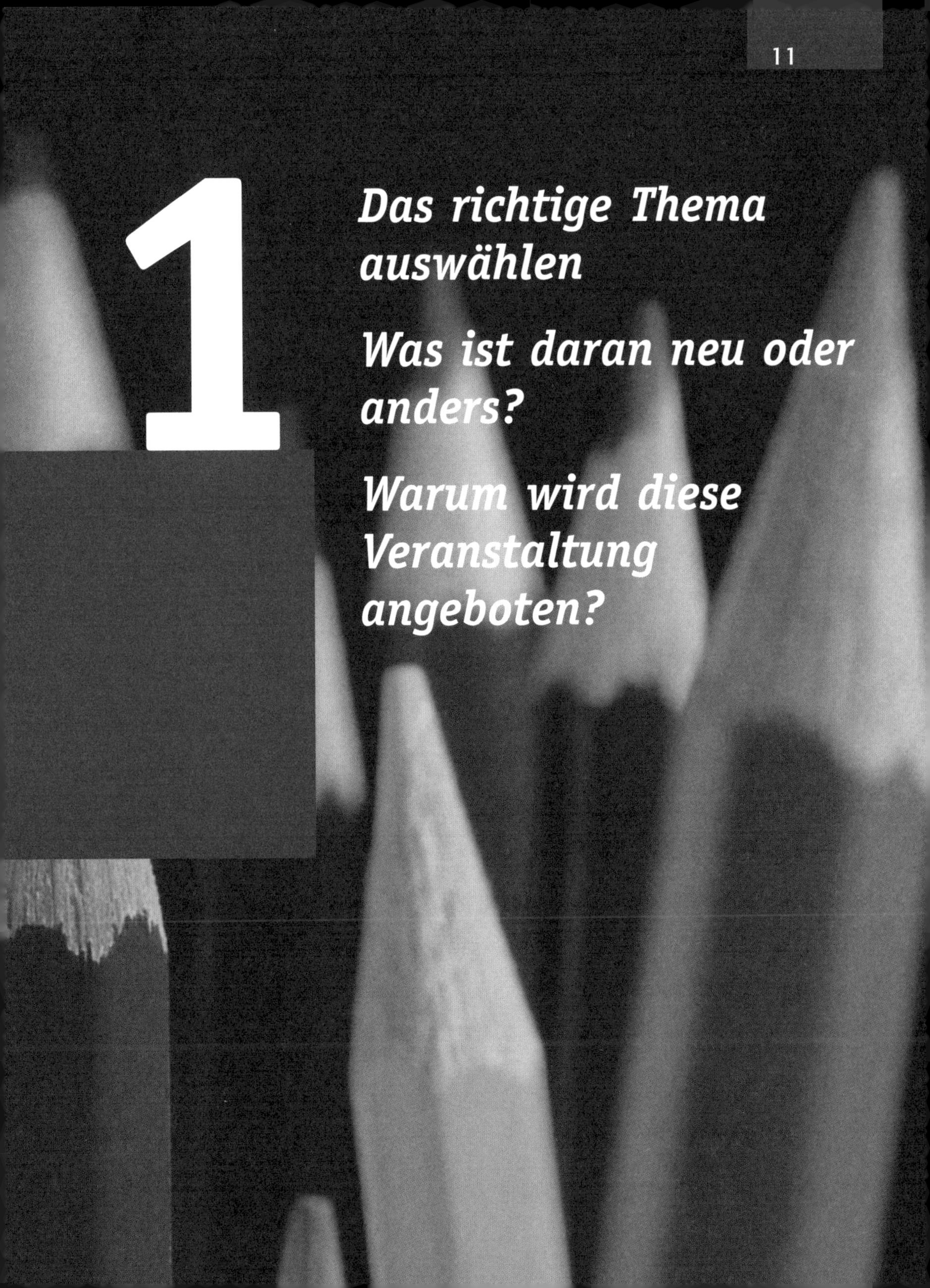

1

Das richtige Thema auswählen

Was ist daran neu oder anders?

Warum wird diese Veranstaltung angeboten?

Die Festlegung des Themas

Ein neues/ anderes Thema anbieten, das für die Teilnehmer nützlich ist

Der erste Schritt in der Planung einer Lehrveranstaltung besteht darin, dass man sich eines Themas annimmt, um es in irgendeiner Form einem bestimmten Teilnehmerkreis anzubieten. Die Planung muss dabei schon gewisse Vorstellungen darüber umfassen, was Gegenstand eines Seminars, eines Workshops oder einer Schulung sein soll und welchen Nutzen die Teilnehmer wie auch die Referenten bzw. Trainer durch die Veranstaltung erhalten. Dabei helfen die folgenden vier Fragen:

Grundlegende Fragen

- Was für ein Thema soll behandelt werden?
- Was ist neu/anders an diesem Thema, so dass sich die Veranstaltung von anderen abhebt?
- Welchen Nutzen können die Teilnehmer daraus ziehen?
- Warum wird diese Veranstaltung von Ihnen angeboten und welchen Nutzen können Sie als Referent bzw. Trainer daraus ziehen?

Ein Hinweis an dieser Stelle: Diese vier Fragen werden in der Reihenfolge erläutert und zum Abschluss des Kapitels in einer Übersicht nochmals zusammengefasst. Die Übersicht dient Ihnen gleichzeitig als erste Planungshilfe für Ihre Lehrveranstaltung.

Vorab aber einige Definitionen:

- **Lehrveranstaltung:** Oberbegriff für alle Arten von Veranstaltungen, mit denen einer bestimmten Anzahl an Teilnehmern durch eine oder mehrere Lehrkräfte ein bestimmter Inhalt vermittelt werden soll.
- **Seminar:** Lehrveranstaltung mit einer übersichtlichen Teilnehmerzahl. Hierbei soll ein bestimmtes Fachwissen in intensiver Form vermittelt werden, was einen hohen Lehranteil des Seminarreferenten erfordert. Dabei ist grundsätzlich möglich und auch erwünscht, dass sich die Teilnehmer kritisch mit dem Lernstoff auseinander setzen und zu eigenen Schlussfolgerungen finden (z.B. Seminare zur Personalauswahl oder zum Erlernen der Moderationstechnik).
- **Training:** Lehrveranstaltung mit einer sehr kleinen Anzahl an Teilnehmern und einer intensiven Betreuung durch den Trainer. Schwerpunkt: bestimmte Tätigkeiten und Handlungsvollzüge kennen zu lernen oder zu verbessern und dabei das Leistungsvermögen stetig zu erhöhen (z.B. Verkaufstrainings oder im Sport). Eine kritische Auseinandersetzung mit dem Lernstoff wird nur insoweit zugelassen, als dadurch die Leistungsfähigkeit erhöht wird.

Wichtige Begriffe

- **Schulung:** Lehrveranstaltung für eine nicht definierte Anzahl an Teilnehmern mit dem Ziel, bestimmte Tätigkeiten und Handlungsvollzüge in genau definierten Situationen einzusetzen und zu verbessern, z.B. Produkt- oder Verkaufsschulungen, EDV-Schulungen. Diese Form der Lehrveranstaltung kann auch längerfristig angelegt sein. Eine kritische Auseinandersetzung mit dem Lernstoff steht nicht im Vordergrund.
- **Workshop:** Lehrveranstaltung mit einer übersichtlichen Teilnehmerzahl. Hierbei soll durch aktive Eigentätigkeit der Teilnehmer ein bestimmtes Thema bearbeitet werden, indem sich alle Teilnehmer an der Verbesserung einer Situation beteiligen. Ein bestimmter Prozess ist also fester Bestandteil der Lehrveranstaltung. Die Dauer ist auf wenige Tage begrenzt (z.B. Workshops zur Leistungsverbesserung in einer Abteilung).
- **Erfahrungsaustausch-Gruppe** – eine so genannte »Erfa-Gruppe«: Lehrveranstaltung mit einer kleinen Anzahl an Teilnehmern. Hierbei sollen die Teilnehmer ihr eigenes Wissen, ihre eigenen Erfahrungen in den Mittelpunkt der Veranstaltung stellen. Durch externe Lehrkräfte werden zusätzliche fachliche Impulse gesetzt bzw. bestimmte Themen und Inhalte zusammengefasst. Die Veranstaltung selbst dauert nie länger als ein bis drei Tage, kann aber mehr oder weniger regelmäßig und über einen längeren Zeitraum angeboten werden, z.B. zweimal pro Jahr für jeweils einen Tag (z.B. Erfa-Gruppen von mittelständischen Einzelhändlern oder Handelsvertretern).
- **Kurs:** eine Reihe von Lehrveranstaltungen, die unter einem gemeinsamen Oberthema stehen, aufeinander aufbauen und in einer zeitlich definierten Abfolge angeboten werden. Der Kurs kann durch eine Prüfung abgeschlossen werden.
- **Lernstoff:** der Gesamtinhalt, der in einer Lehrveranstaltung vermittelt werden soll. Er untergliedert sich in Fachinhalt, soziale und persönliche Fertigkeiten sowie einen Meta-Inhalt. Fachinhalt sowie soziale und persönliche Fertigkeiten werden in der Regel im Programm der Lehrveranstaltung aufgeführt, der Meta-Inhalt hingegen nicht.
- **Fachinhalt:** der fachliche Stoff, das fachliche Wissen, das mit einer Lehrveranstaltung vermittelt werden soll (z.B. Produktwissen oder die Fähigkeit, mit einem bestimmten Werkzeug umzugehen).

- **Soziale Fähigkeiten:** die Fähigkeiten, die man im Umgang mit anderen benötigt (z.B. zuhören können, mit anderen diskutieren können).
- **Persönliche Fähigkeiten:** die Fähigkeiten für den richtigen Umgang mit sich selbst (z.B. Fähigkeit zum strukturierten Vorgehen, Zeitplanung etc.).
- **Meta-Inhalt:** der Inhalt einer Lehrveranstaltung, der durch die Art des Vorgehens bewusst oder unbewusst vermittelt wird, aber nicht explizit im Programm aufgeführt werden muss, z.B. ein bestimmtes Methodenwissen (Wie kann man an eine Aufgabe herangehen?) oder soziale Umgangsformen (ausgedrückt durch die positiven und negativen Reaktionen der Lehrkräfte und der anwesenden Teilnehmer, z.B. Anerkennung oder Ablehnung von Wortmeldungen, Verhaltensweisen etc.).
- **Lehrkraft:** Person, die sich der Vermittlung eines bestimmten Lernstoffs an einen oder mehrere Teilnehmer widmet, je nach Konzeption der Lehrveranstaltung auch als Trainer oder Seminarreferent bezeichnet.
- **Lehr-Lernsituation:** eine konkrete Situation, in der die Vermittlung von Wissen geschieht.
- **Lernender:** Person, die an einer Lehrveranstaltung teilnimmt mit dem Ziel, etwas Zusätzliches zu lernen, das für den privaten und/oder beruflichen Lebensweg vorteilhaft sein kann (auch als Teilnehmer bezeichnet).
- **Veranstaltungsleiter (Seminarleiter, Trainingsleiter, Workshop-Leiter, Erfa-Leiter):** die Person, die eine Lehrveranstaltung leitet und die eindeutige Vollmacht hat, die Lehrveranstaltung zu unterbrechen sowie den Lehrkräften und Teilnehmern Anweisungen zu geben. Veranstaltungsleiter und Lehrkraft können identisch sein, müssen aber nicht.
- **Ausbildung:** die erstmalige Unterweisung in einem bestimmten Berufsfeld oder Tätigkeitsgebiet (z.B. Berufsausbildungen in anerkannten Ausbildungsberufen).
- **Fortbildung:** die ergänzende Unterweisung in einem bestimmten Berufsfeld oder Tätigkeitsgebiet, die auf eine bereits vorhandene Ausbildung aufbaut (z.B. die Fortbildung zum Personalfachkaufmann für Büro- und andere Kaufleute).
- **Weiterbildung:** die Unterweisung in anderen Berufsfeldern oder Tätigkeitsgebieten, die mit einer ur-

sprünglich erworbenen Qualifikation nichts zu tun hat (z.B. ein Metzger erhält eine Umschulung zum Bürokaufmann, eine Technikerin erhält eine Unterweisung in Gesprächsführung im privaten Umfeld).

- **Didaktik:** Lehre vom Lehren und Lernen, also von der Art und Weise, wie Lernstoff aufbereitet und vermittelt werden kann.

Das richtige Thema auswählen

Worin besteht der Nutzen?

Lehrveranstaltungen aller Art drehen sich immer um ein bestimmtes Thema, sei es ein sehr spezifisches Thema wie z.B. spezielle Techniken der Personalauswahl oder auch sehr allgemeine Themen wie der Lehrgang zur Fachkraft im Personalwesen oder der Kurs »IHK-geprüfter Betriebswirt«. Allen Veranstaltungen liegt ein bestimmtes Thema zugrunde und den Teilnehmern wird versprochen, dass sie mit der Teilnahme an der Veranstaltung ein bestimmtes Wissen, bestimmte Handlungsvollmachten und Kenntnisse erwerben können.

Eigene Interessen nicht vergessen!

Der Ausgangspunkt für das Seminar zur Seminargestaltung war die Frage, wie junge Selbstständige und leitende Angestellte sich Grundlagen für die Durchführung von Seminaren zur Kundengewinnung erwerben können. Dazu stellt sich als erste Frage: Was für ein Thema soll behandelt werden? Das Thema lautet im angeführten Beispiel »Grundlagen für die Durchführung von eigenen Seminaren«. Das Thema kann aber nicht spontan festgelegt werden, sondern muss gezielt auf die Teilnehmer und deren Interessen und Erwartungen abgestimmt werden.

Festlegung des Themas

WICHTIG

Die Teilnehmer lassen sich nur dann gewinnen, wenn an diesem Thema etwas so neu oder anders ist, dass sie einen konkreten Nutzen aus der Aneignung des neuen oder gänzlich anderen Lernstoffs ziehen können. Erst dann lassen sich Interessierte zu einer Teilnahme bewegen und werden zu Lernenden.

Abschließend kann der Anbieter eines Seminars wiederum seine eigene Interessenlage prüfen und entscheiden, ob seine eigenen Interessen sich mit denen der potenziellen Teilnehmer in Einklang bringen lassen. So kurz lässt sich die Kunst beschreiben, das richtige Thema auszuwählen. Wie Sie das Thema richtig auswählen, d.h. welchen Umfang, welchen Tiefgang Sie vorsehen, das folgt in den nächsten Schritten.

Die Bedeutsamkeit des Themas

Erfolgreiche Seminare haben zumindest eine Eigenschaft: Aus Sicht potenzieller Teilnehmer bieten sie etwas Neues oder anderes an. Seminare können bereits seit Jahren oder gar Jahrzehnten am Markt sein, man denke z.B. an die verschiedenen IHK-Lehrgänge und Fachausbildungen. Für die Interessenten bieten sie etwas an, was sie so bisher nicht kannten und was sie erwerben möchten. Dies kann entweder das Angebot eines vollkommen neuen Stoffes sein, z.B. ein Esoterik-Kurs oder eine Einführung in die Grundlagen der Betriebswirtschaftslehre für Techniker. Oder aber es ist das Angebot, auf bereits vorhandene Kenntnisse aufzubauen, z.B. die Fortbildung eines Bürokaufmanns zum Fachkaufmann der Personalwirtschaft.

Den Teilnehmern etwas Neues oder anderes bieten

Bei der Aneignung eines völlig neuen Lernstoffs geht es darum, etwas zu lernen, von dem den Interessenten bekannt ist, dass es das gibt. Es ist aber nicht bekannt, was sich konkret damit verbindet. Dies erfordert von der Lehrkraft nicht allein Fachkenntnisse, sondern auch umfassende didaktische Kenntnisse.

PRAXISTIPP

Der Lehrstoff soll so aufbereitet werden, dass die Lernenden:

- die Bedeutsamkeit des Stoffes für ihr eigenes Leben erkennen,
- schnell Erfolgserlebnisse haben und damit »bei der Stange bleiben«,
- aber auch nicht unterfordert werden mit zu einfachem Wissen.

Wenn jemand etwas Zusätzliches lernen möchte, hat er im bisherigen Berufs- oder Privatleben die Erfahrung gemacht: »Was ich weiß, reicht nicht oder nicht mehr zur Bewältigung bestimmter Aufgaben oder Ziele.« Er sucht also etwas, was ihm die zusätzlich benötigten Kenntnisse einbringt, mit deren Hilfe er etwas von einer ganz anderen Seite aus beleuchten kann. Der Lernende geht also bereits mit Fachkenntnissen an das Thema heran und kann auch die fachliche Kompetenz der Lehrkraft besser einschätzen. Eine derartige Situation erfordert folglich von der Lehrkraft eine Kombination aus didaktischen Kenntnissen und sicheren fachlichen Kenntnissen! Die Fachkenntnisse gewinnen ab einer bestimmten Kenntnisstufe bei den Lernenden die Oberhand gegenüber den didaktischen Kenntnissen – dies ist mit ein Grund, warum sich manche Koryphäen im Wissenschaftsbereich er-

Kombination aus fachlichem Wissen und didaktischen Fähigkeiten erforderlich

lauben können, in didaktischer Hinsicht nicht optimal zu arbeiten.
Das tragende Beispiel für dieses Buch, das Seminar zur Gestaltung von Seminaren, war für die meisten Teilnehmer als der Erwerb zusätzlicher Kenntnisse gedacht. Alle hatten sie eine Schule oder gar Hochschule besucht und darüber hinaus schon die verschiedensten Seminare. Die Lehr-Lern-Interaktion war ihnen also schon aus eigener Anschauung vertraut. Einige waren auch schon als Referenten aktiv geworden, wobei sie derartige Aktivitäten aber nicht unter didaktischen Gesichtspunkten planten. Die Planung eines Seminars in didaktischer Hinsicht war also für die meisten Neuland. Ein kurzer Einführungskurs bietet folglich eine gute Basis, auf der bei Bedarf weiter gearbeitet wird. Dafür dienen vor allem so genannte »Train the Trainer«-Kurse, wie sie z.B. von den meisten Industrie- und Handelskammern, Berufsverbänden und vielen andere Institutionen der beruflichen Weiterbildung angeboten werden.

Der Nutzen der Teilnehmer

Wie kann der Nutzen für die Teilnehmer gestaltet werden?

Allein die Tatsache, dass ein Thema neuartig oder andersartig ist, bewegt die wenigsten Menschen zur Teilnahme. Damit jemand sich für eine Teilnahme entscheidet (bzw. jemand anders die Teilnahme befürwortet und entsprechende Etatmittel sowie freie Zeit genehmigt – gerade im Bereich der beruflichen Weiterbildung ein entscheidender Faktor!), muss ein konkreter Nutzen gegeben sein.

Der Nutzen besteht generell darin, dass der Seminarteilnehmer:

- etwas lernt, was er lernen will,
- weil er damit Probleme und/oder Aufgabenstellungen in seinem Berufs- oder Privatleben besser bewältigen kann.

Im Beispiel »Seminar zur Seminarplanung« bietet das Seminar den Teilnehmern die Möglichkeit, innerhalb kurzer Zeit etwas zu lernen, das sie für die eigene Berufsausübung gut gebrauchen können. Viele Selbstständige wie leitende Angestellte können für derartige Schulungen nicht viel Zeit aufbringen und so ist naturgemäß die Zeit schon auf einen Tag begrenzt. Damit sich ein Besuch auch lohnt, müssen in dieser Zeit grundlegende Kenntnisse vermittelt werden, mit denen jeder etwas anfangen kann. Viele Selbstständige wollen mit Seminaren neue Kunden gewinnen oder bestehende Kundenbeziehungen pflegen. Leitende Angestellte müssen für ihre Firma Seminare anbieten, um z.B. dem Außendienst neue Produkte vorzustellen, ihren Arbeitskollegen die neuesten Feinheiten bestimmter gesetzlicher Regelungen oder neue Managementtechniken zu vermitteln. Bisher standen oft nur umfangreichere »Train the Trainer«-Kurse zur Verfügung. Diese Kurse beanspruchen mit drei bis fünf Tagen Dauer zu viel Zeit oder sie sind aus Sicht der Teilnehmer mit Gebühren von ca. 1.000 bis 2.500 Euro zu teuer (oder vielleicht sogar beides: zu teuer und zu lang).
Von daher liegt es nahe, einen Tageskurs anzubieten, der Grundkenntnisse vermittelt.

Dokumentation des Nutzens anbieten

Was kann ein Teilnehmer an Nutzen erwarten?

An dieser Stelle schon ein Hinweis: Oftmals möchte der Nutzer die Teilnahme auch in einer bestimmten Form dokumentiert bekommen, z.B. durch eine Teilnahmebestätigung, ein Zertifikat oder ein Zeugnis. Man trägt bildhaft gesprochen etwas schwarz auf weiß nach Hause. Und bei länger andauernden Schulungen ist mit einem Zertifikat oder einem Zeugnis oft die Berechtigung verbunden, einen bestimmten Titel zu führen, z.B. als Direktmarketing-Fachwirt, Personalfachkauffrau, Anwendungsberater SAP, Master Practioneer NLP usw. Besonders im Umfeld der beruflichen Aus- und Fortbildung ist dies wichtig, aber nicht allein dort. Ein erfolgreiches Seminarangebot beschreibt also nicht allein die Thematik, sondern zeigt auch auf, was ein Teilnehmer erwarten kann.

Die Dokumentation des Nutzens enthält:

- was der Teilnehmer an neuem oder zusätzlichem Stoff lernt,
- wie er es in seinem Anwendungsumfeld umsetzt
- und wie er das Gelernte dokumentiert bekommt (Textvorschläge hierzu im Kapitel 5).

Die Motivation des Anbieters

Neben den Motiven der Teilnehmer sollen die Motive des Anbieters bedacht werden. Auch sie beeinflussen Charakter und Inhalt eines Seminars. So kann es sein, dass der Anbieter einer Lehrveranstaltung:

- sein eigenes Wissen mit anderen teilen möchte
- Selbstbestätigung durch eine erfolgreich durchgeführte Lehrveranstaltung gewinnen möchte
- etwas Neues ausprobieren möchte
- seine berufliche Entwicklung fördern möchte (z.B. als Empfehlung für einen bestimmten Arbeitsplatz im Bereich Aus- und Weiterbildung)
- zusätzliche Einnahmen durch die Seminargebühren erhalten möchte
- Werbung für seine Dienstleistung treiben und damit zusätzliche Kunden gewinnen möchte (v.a. für Gewerbetreibende wichtig!)
- seinen Kunden einen zusätzlichen Nutzen bieten möchte (z.B. ein Anwalt, der seine Mandanten über Änderungen im Mietrecht oder im Wettbewerbsrecht informiert)
- die Freizeit sinnvoller ausfüllen will oder ein neues Hobby sucht
- andere Menschen kennen lernen möchte

Oftmals wird der Anbieter mehrere dieser Gründe benennen. Man muss sich aber darüber im Klaren sein, ob einer dieser Gründe den Ausschlag für oder gegen das gedachte Angebot gibt. Wenn z.B. der finanzielle Aspekt dominiert, muss sich das Angebot auch rechnen (Hinweise zur Kalkulation erfolgen in Kapitel 5). Wenn schon diese Frage negativ beantwortet wird, d.h. die Lehrveranstaltung nie zu auskömmlichen Bedingungen gestaltet werden kann, erübrigt sich eine weitere Planung von selbst.
Fassen wir diese vier Punkte zu einer Übersicht zusammen (Seite 22), die Ihnen bei der ersten Konzeption einer Lehrveranstaltung hilft. Damit Sie sich etwas leichter tun, ist in der zweiten Spalte ein Beispiel eingetragen, und zwar das Seminar »Wie man erfolgreich(e) Seminare gestaltet«, dessen Ergebnisse die Grundlage dieses Buches bilden. Für Ihre Planung ist die dritte Spalte gedacht.

Was erhält der Anbieter für seine Zeit, für seinen Einsatz?

PLANUNG EINER LEHRVERANSTALTUNG – DER ERSTE SCHRITT

	Beispiel für eine Lehrveranstaltung	**Ihre Idee einer Lehrveranstaltung**
a) Das Thema der Lehrveranstaltung	Ein Seminar zur Frage, wie man Seminare konzipiert	
b) Was ist neu/anders an der Lehrveranstaltung?	Man lernt in kurzer Zeit (z.B. an einem Tag) die Grundlagen, die man für die Durchführung eines Seminars benötigt.	
c) Welchen Nutzen haben die Teilnehmer?	Der Nutzen besteht darin, dass das Seminar für einen Tag konzipiert ist und damit gerade Berufstätige und Selbstständige anspricht, die nicht viel Zeit für längere Lehrveranstaltungen haben (z.B. »Train the Trainer«-Seminare mit drei bis fünf Tagen Dauer). Der Teilnehmer kann also bereits nach kurzer Zeit selbst Seminare anbieten und damit z.B. zusätzliche Kunden gewinnen oder seinen Kunden einen zusätzlichen Service anbieten.	

	Beispiel für eine Lehrveranstaltung	Ihre Idee einer Lehrveranstaltung
d) Welchen Nutzen habe ich als Anbieter?	• Ich erhalte zusätzliche Einnahmen (Teilnahmegebühren), die aber keinen Gewinn ergeben müssen. • Ich trainiere meine eigenen Lehrkompetenzen. • Ich kann diese Veranstaltung ohne Probleme neben meiner Berufstätigkeit anbieten, eine längere Veranstaltung würde eine Beurlaubung erfordern. • Ich lerne andere Menschen kennen.	
Prüfung der Idee	Die Grundkonzeption erscheint tragfähig, Nachfrage ist vorhanden (laut Anfragen einzelner Wirtschaftsjunioren).	

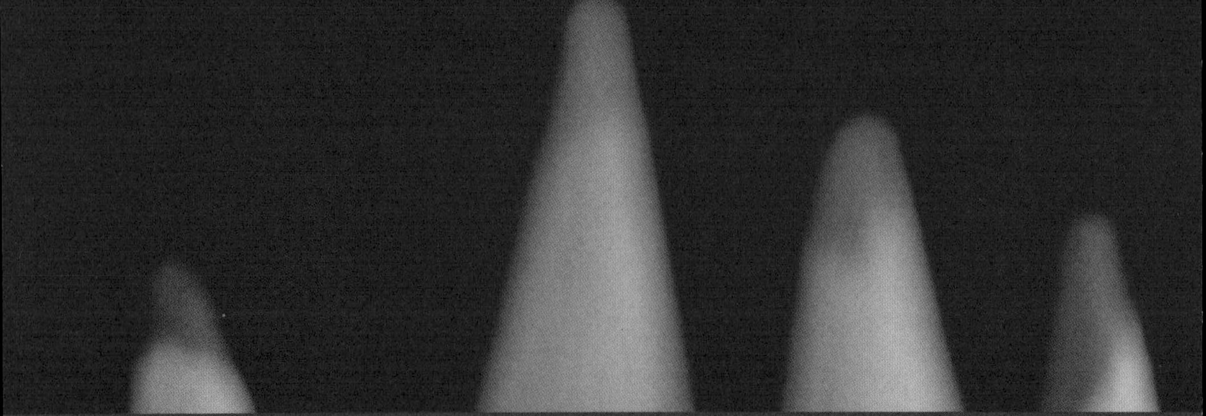

Beschreibung der Zielgruppe

Die Lernbedingungen

Die Motivation zur Teilnahme

Die Teilnehmertypen

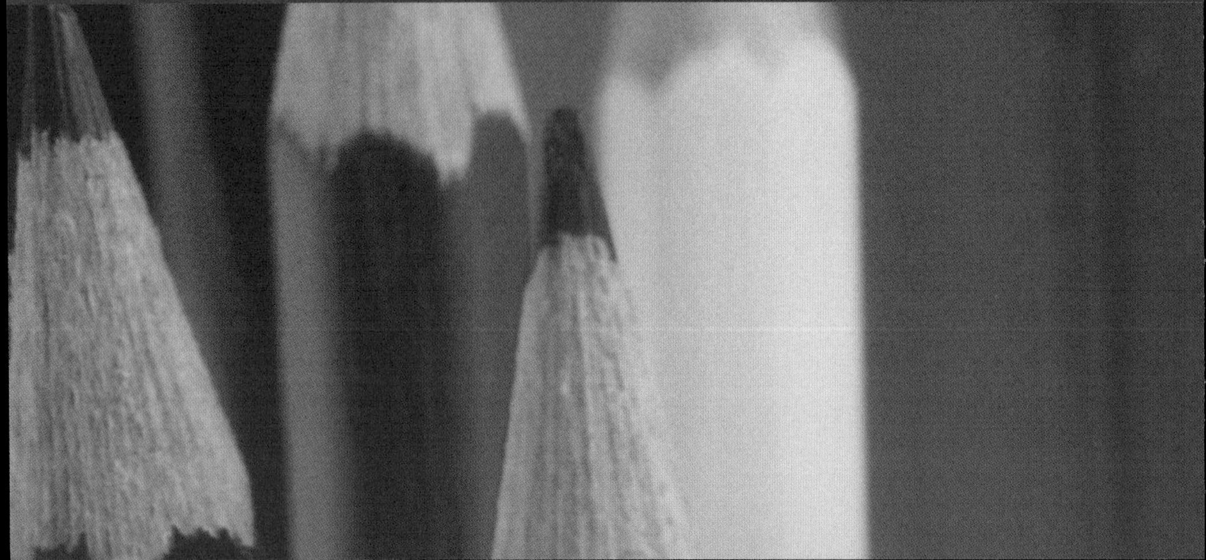

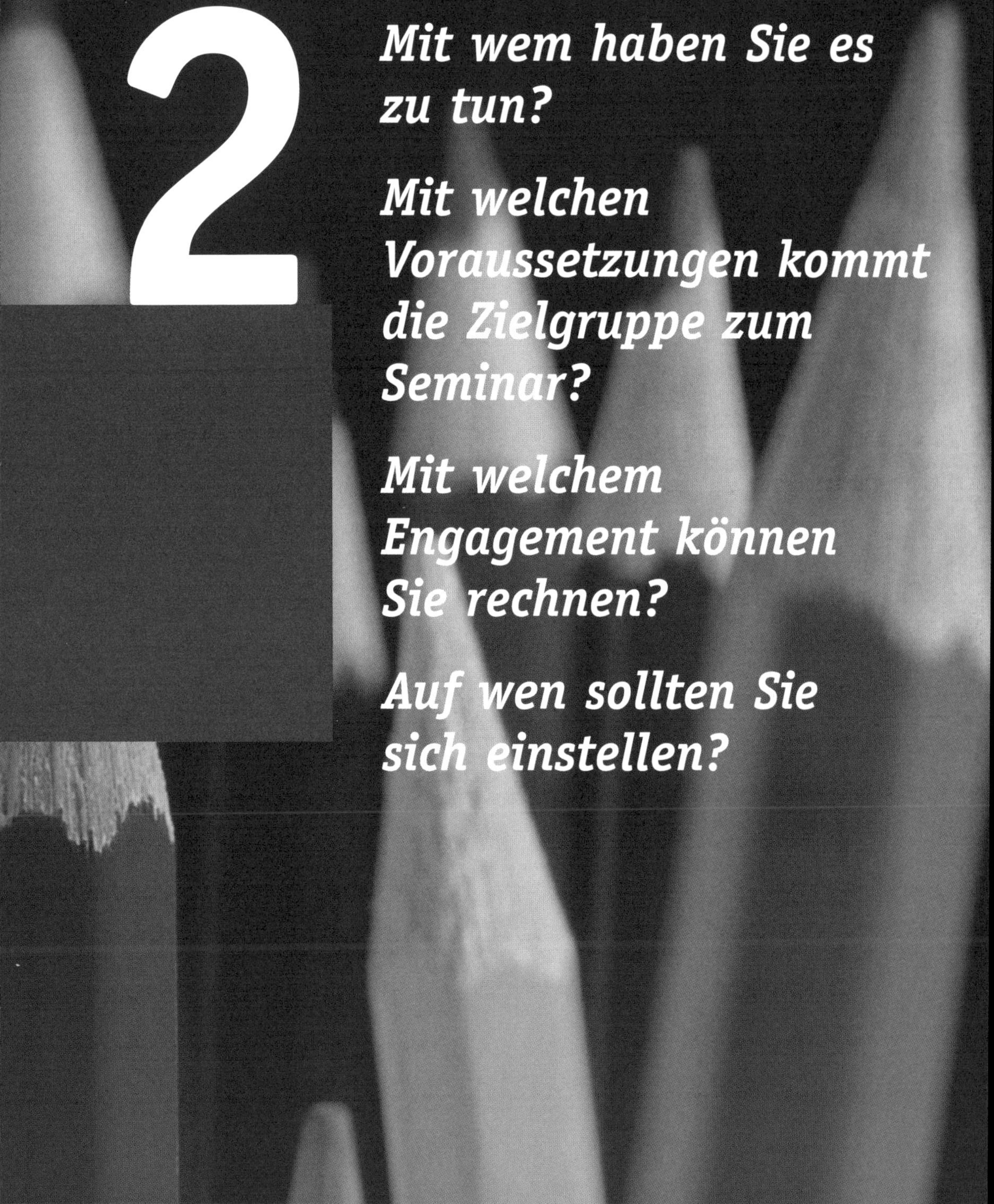

2

Mit wem haben Sie es zu tun?

Mit welchen Voraussetzungen kommt die Zielgruppe zum Seminar?

Mit welchem Engagement können Sie rechnen?

Auf wen sollten Sie sich einstellen?

Die Beschreibung der Zielgruppe

Wie kann man die Teilnehmer beschreiben?

Zusammensetzung der Zielgruppe beachten!

Merkmale der Zielgruppe

Nachdem das Thema festgelegt ist, sollte nun die Zielgruppe genauer analysiert werden. Dazu zählt zunächst einmal eine nähere Beschreibung der Zielgruppe anhand von bestimmten Charakteristika wie Alter, Vorbildung, berufliche Vorerfahrung etc. Des Weiteren sind deren Erwartungen und Vorkenntnisse zu beachten.
Die Zielgruppenanalyse fängt mit einer Beschreibung der gewünschten Teilnehmer an, und zwar in Form von Stichwörtern.

Dazu dienen diese Charakteristika (in Klammern die Antworten aus dem Beispiel der Wirtschaftsjunioren):

- Alter (»30–40 Jahre alt«)
- Vorbildung (bei Wirtschaftsjunioren regelmäßig mittlere Reife und Berufsausbildung, Abitur, teilweise mit Studium)
- Berufliche Vorerfahrung mit mindestens drei Jahren Berufserfahrung, eher sogar mehr, Inhaber einer mittleren Führungsposition oder Selbstständigkeit/Inhaber eines kleinen Unternehmens)
- Erfahrungen mit Lehrveranstaltungen allgemein (regelmäßige Teilnahme an Seminaren der beruflichen Weiterbildung, mindestens drei Seminar-/Workshopteilnahmen in den letzten zwei Jahren)

Mit dieser Beschreibung haben Sie ein ungefähres Bild von Ihrer Zielgruppe vor Augen. Sie können sagen, ob Sie eine relativ homogene Teilnehmergruppe vor sich haben, was das Vorgehen sehr erleichtert. Besonders homogen wäre eine Gruppe dann, wenn sie sich in Bezug auf Alter (alle um die 30 oder 40 Jahre), Ausbildung (alle Teilnehmer verfügen über mittlere Reife und eine kaufmännische Berufsausbildung) und andere Merkmale entsprechen. Oder Sie erkennen eine heterogen zusammengesetzte Gruppe: Die Altersspanne reicht von 18 bis 70 Jahre, das Ausbildungsniveau vom Hilfsarbeiter ohne Schulabschluss bis zur Professorin für Quantenphysik. Letzteres wird hohe Anforderungen an Sie stellen, alle Lernenden gleichermaßen bei der Stange zu halten, niemanden unnötig zu unter- oder überfordern.

Oft liegt eine heterogene Zusammensetzung vor

Die meisten Teilnehmergruppen sind aller Erfahrung nach heterogen zusammengesetzt. Durch eine geschickte Ausschreibung wird man aber die Zusammensetzung in einem gewissen Rahmen halten können. Sollte die Gruppe zu breit gestreut sein, sollten Sie sich fragen, ob das Thema tragfähig genug ist, die Veranstaltung über die ganze Zeit zusammenzuhalten. Notfalls empfiehlt es sich:

- entweder zwei verschiedene Veranstaltungen auszuschreiben und dabei die Zielgruppen in homogenere Gruppen aufzusplitten,
- oder aber in der Ausschreibung die von Ihnen gewünschte Zielgruppe so deutlich zu beschreiben, dass sich der Teilnehmerkreis von vornherein auf eine homogenere Gruppe beschränkt.

Mit der vorliegenden Beschreibung der Wirtschaftsjunioren haben wir eine Mischform: Von den Bildungsvoraussetzungen her liegt keine absolut homogene Gruppe vor, aber auch keine absolut heterogene Gruppe. Durch das Alter und die berufliche Positionierung liegt die Gruppe aber noch in einem überschaubaren Rahmen, so dass keine Teilung in zwei verschiedene Seminargruppen erforderlich ist.

Informationen über die Teilnehmer sammeln!

Klären Sie nach Möglichkeit auch gleich, mit welchen Vorkenntnissen und Erwartungen Ihre Teilnehmer kommen werden. Auch das hilft Ihnen bei der Vorbereitung. Auskunft dazu können z.B. die Veranstalter geben, von denen Sie als Referent eingeladen werden.

CHECKLISTE ZUR VORBEREITUNG

- Wer ist Veranstalter?
- Wie lautet der Titel der Veranstaltung?
- Wie lange dauert die Veranstaltung (Stunden, Tage ...)?
- Welche Erwartungen hat der Veranstalter?
- Steht die Veranstaltung allein für sich oder ist sie in einen Kurs eingebettet?
- Bei Kursen: An welcher Stelle im Kurs steht die Veranstaltung? Was werden die vorhergehenden Referenten/Trainer vermitteln? Und worauf wollen die nachfolgenden Referenten/Trainer aufbauen?
- Wie viele Teilnehmer kommen? Und mit welcher Vorbildung und welcher Vorerfahrung kommen die Teilnehmer?
- Welche Tagungstechnik (Projektor, Beamer, Flipchart, Pinnwand ...) steht zur Verfügung?
- Welche Unterstützung wird von Ihnen erwartet (z.B. Tischvorlagen, Skript, Folienumdrucke ...)?
- Wie hoch ist das Referentenhonorar?

Vorbereitungszeit beachten!

Diese Checkliste müssen Sie spätestens vier Wochen vor Veranstaltungsbeginn vollständig beantworten, damit Sie sich angemessen vorbereiten können. Bei umfangreicheren Veranstaltungen (ab drei Tagen Dauer) sollten Sie sogar acht Wochen Vorbereitungszeit haben! Problematisch wird es, wenn Sie keine Beschreibung vornehmen können. Schieben Sie an dieser Stelle zunächst die weitere Planung auf und holen Sie sich genauere Informationen darüber ein, wer sich überhaupt für Ihre Lehrveranstaltung interessieren könnte. Nur wenn Sie diese Frage geklärt haben, können Sie mit der Planung auf einer sicheren Basis fortfahren! Die andere Alternative wäre, ein Seminar zu planen, ohne genaue Kenntnisse über die Zielgruppe zu besitzen. Das gleicht einer Urlaubsfahrt ohne Landkarte.

Die Lernbedingungen

Diese Frage vertieft die Zielgruppenanalyse und bereitet den Veranstalter darauf vor, mit welchen Voraussetzungen er rechnen darf bzw. was er nicht voraussetzen darf. Dies hat unmittelbaren Einfluss auf den Inhalt und den Aufbau einer Lehrveranstaltung.

Jeder Teilnehmer bringt seinen eigenen Hintergrund mit

BEDENKEN SIE FOLGENDE PUNKTE

- Alter/Lebens- und Berufserfahrung: In welchen Bereichen haben die Teilnehmer schon Erfahrungen gesammelt?
- Vorbildung: schulische, Hochschul- und berufliche Ausbildung
- Beruflicher Hintergrund und Unternehmenshintergrund (Branche: Industrie, Handel, Dienstleistung, Nonprofit-Sektor): Welche Fachkenntnisse und welche Mentalität sind zu erwarten?
- Interesse an der Veranstaltung: Wollen die Teilnehmer etwas lernen oder nur mal »raus aus dem Büro«? Wurde ihnen die Seminarteilnahme als Incentive angeboten oder steckt ein konkreter Weiterbildungsbedarf dahinter?
- Motivation zur Teilnahme: Kommen die Teilnehmer freiwillig und sind sie damit motivierte Lernende oder wurden sie von Vorgesetzten zur Teilnahme angewiesen – und sind damit eher unmotivierte Teilnehmer?

Die Vorbedingungen

Stellen Sie sich auch an dieser Stelle nochmals die Frage nach der Zusammensetzung: Ist die Teilnehmergruppe wirklich so heterogen oder homogen, wie Sie es zunächst erwartet haben? Spätestens an dieser Stelle muss diese Frage sicher zu klären sein. Aus der Antwort erkennen Sie oft auch schon, mit welchen Erwartungen die Teilnehmer kommen werden – ein ebenso wichtiger Einfluss.

Die Motivation zur Teilnahme

Warum kommen die Teilnehmer?

Die Hintergründe der Teilnehmer bestimmen wesentlich die Motivation und damit auch den Erfolg eines Seminars. Dazu dienen folgende Fragen:

- Mit welchen Interessen kommen die Teilnehmer zu Veranstaltung? Wollen sie neue Inhalte lernen? Suchen sie die Begegnung mit Gleichgesinnten? Wollen sie nur einfach »mal raus kommen aus dem Büro«?
- Bei beruflich bedingten Veranstaltungen: Welche Interessen bewegen den Arbeitgeber, seine Angestellten zu dieser Veranstaltung zu schicken? Soll es einen fruchtbaren Erfahrungsaustausch geben? Dient die Veranstaltung dem Auffrischen von Wissen, der Aktualität und dem Wissenstransfer in das Unternehmen? Stellt die Teilnahme ein Incentive für einen verdienten Mitarbeiter dar? Oder ist dies die letzte Chance für einen problematischen Mitarbeiter, bestimmte Schwachpunkte abzustellen?
- Finanzierung: Müssen die Teilnehmer einen Teil oder gar die gesamten Kosten für das Seminar selbst tragen? Müssen die Teilnehmer einen Teil der Seminarzeit durch Urlaub oder Überstundenausgleich einbringen? Je höher der »Eigenanteil« des Teilnehmers ist, desto höher die Motivation, die Erwartungshaltung, und desto größer der Wunsch, ein möglichst kurzes und preiswertes Seminar zu erhalten.

Kann ich die Teilnehmer zufrieden stellen?

Vermutlich wird es ein ganzes Bündel an Gründen geben, sowohl bei den Teilnehmern als auch bei den Arbeitgebern. Dies gilt selbstredend auch für die Interessen der Lehrkraft. Am besten ist es natürlich, wenn alle Interessen zueinander passen. Sie sollten aber als Lehrkraft, als Dozent oder Trainer nie die Eigeninteressen zu sehr in den Vordergrund stellen. Sie müssen sich immer über eines im Klaren sein: Die Teilnehmer bringen ihre eigene Freizeit oder Arbeitszeit ein, sich selbst mit ihren Fragen, Wünschen und Erfahrungen. Dieses Erwartungsbündel weitgehend zu treffen sollte das oberste Ziel einer jeden Veranstaltung sein. Zugegebenermaßen werden Sie genaue Antworten manchmal erst im Gespräch mit den Teilnehmern erhalten. Dann ist es zwar für das betreffende Seminar zu spät. Die Informationen helfen Ihnen aber zumindest bei späteren Planungen.

Die Teilnehmertypen

Es ist verblüffend, in jedem Seminar trifft man auf mehr oder weniger stark ausgeprägte Typen von Teilnehmern. Es ist gut, wenn man sich auf diese Typen etwas einstellt. Einige von ihnen kann man mit Schlagwörtern charakterisieren, z.B.:

- **Der Koreferent**: Er hört sich gerne reden, weiß viel zum Thema, zumindest denkt er das, will oft zu Wort kommen und sucht für seine Beiträge nach Beifall. Im besten Fall unterstützt er die Lehrkraft, im schlimmsten Fall sieht er sich als Oppositionsführer, der eisern für die einzig wahre Weisheit streitet. Wer so jemanden einbinden kann, findet aber oft einen sehr nützlichen Verstärker.
- **Der Besserwisser:** eine besonders üble Form von Koreferent. Unter dem Deckmantel der Expertenschaft betreibt er mehr oder weniger intensiv die Sabotage des Seminars, entweder weil seine Fachkompetenz nicht ausreichend wahrgenommen wird oder weil sein Boss ihn hingeschickt hat und er doch viel lieber in der Firma oder beim Angeln sitzen würde. In Einzelfällen wird er zum Querulanten, was im Abschnitt zum Konfliktmanagement noch behandelt wird.
- **Die schweigende Mehrheit:** Das ist die »typische Teilnehmerschar« schlechthin – allzeit mehr oder weniger pünktlich da. Schreibt brav alles mit, auch die Folie mit dem Pausentext. Je nach Meinungsführerschaft wird dieser Typus am Ende mehr oder weniger lange applaudieren – und von diesen Menschen leben Trainer und Referenten! Und manchmal spricht jemand aus der schweigenden Mehrheit einen in der Pause an – das sind die Highlights! Dann hat man nämlich wirklich was erreicht.
- **Der Zuspätkommer:** Stau auf der Autobahn, Verspätung bei Lufthansa oder Deutscher Bahn oder kein freies Taxi am Bahnhof – die Liste der Gründe ist im Prinzip auf diese wenigen Beispiele einschränkbar und wird oft um phantasievolle Varianten angereichert, mit abenteuerlichen Geschichten untermalt. Vermutlich lagen auf seinem Frühstückstisch mehr als zwei Croissants oder das Seminar ist ihm nicht halb so wichtig wie seinem Chef. Der Unterhaltungswert der Entschuldigungsgeschichte ist hoch, der Nutzwert für ein Seminar eher gering.

Kein Teilnehmer gleicht dem anderen ...

Machen Sie das Beste aus jedem Typ!

- **Der Wissbegierige:** Er lernt die ISBN-Nummern der Bücher auf dem Büchertisch auswendig, hängt einem in jeder Pause an den Lippen, sucht nach perfekten Checklisten und Arbeitsvorlagen. Beruhigend ist: Er neigt nur sehr selten zu Koreferaten. Diese Personen sind wichtiger, als man denkt – sie bringen einem als »heavy user« eigentlich erst den entscheidend höheren Umsatz, den ein Trainer zum Erwerb des BMW-Z3-Cabrios oder des neuen Beamers benötigt.
- **Der Eigenbrötler:** Er hält sich abseits, schreibt das Notwendigste mit, nippt gelegentlich am Pausengetränk und schweigt ansonsten. Man weiß nie, was in ihm vorgeht – wissen Sie es?

Jeder dieser Typen kann eine Bereicherung wie eine Belastung für den Seminarerfolg darstellen. Auf jeden Typ sollten Sie sich innerlich vorbereiten. Die Vorbereitung erfolgt weniger mit einer ausgefuchsten Strategie, sondern mehr mit der inneren Bereitschaft, jeden Typen so zu akzeptieren, wie er ist – alle haben ihre Teilnahmegebühr bezahlt! Und wenn Sie erst einmal fünf Jahre Erfahrung mit Seminaren und Trainings gesammelt haben, können Sie diese Aufstellung mühelos um zwei oder drei individuell ausgeprägte Personengruppen ergänzen. Nehmen Sie es sportlich und sehen Sie es als eine Möglichkeit an, Anekdoten für die nächste Party zu sammeln. Im schlimmsten Fall entdecken Sie die Grenzen Ihrer eigenen Frustrationstoleranz.

Systematisches Herangehen an Stoff

Die Eigenarten des Lernstoffs

Die Definition des Lernstoffs

3

Womit beschäftigen sich die Teilnehmer?

Was zeichnet den Lernstoff aus?

Was müssen die Teilnehmer erreichen?

Die Analyse des Lernstoffs

Sie garantieren die erfolgreiche Stoffvermittlung!

Inhalt *und* Lernmethoden ergeben den Lernerfolg!

Behalten Sie die Perspektiven des Referenten *und* der Teilnehmer im Auge!

Wenden wir uns im dritten Schritt dem Lernstoff zu. Ihre Aufgabe als Referent ist, den Seminarstoff so aufzubereiten, dass die Teilnehmer die wesentlichen Inhalte mit nach Hause nehmen und das Gelernte vertiefen und verbreitern, am besten auch noch auf andere Fragestellungen übertragen können. Übertragen auf das Beispiel »Seminar für die Wirtschaftsjunioren« heißt das: Das Seminar war dann erfolgreich, wenn die Teilnehmer ein eigenes Seminar erfolgreich durchführen können. Sie wissen, welche Merkmale ein gutes Seminar auszeichnet und sie können ein eigenes Seminar systematisch planen und durchführen. Ein zusätzlicher Seminarerfolg liegt dann vor, wenn die Teilnehmer das Gelernte in andere Sachzusammenhänge übertragen können. Das ist möglich, wenn sie andere Formen von Lehrveranstaltungen konzipieren, wie z.B. einen Workshop oder ein Training. Genauso gut ist es, wenn die Teilnehmer bei anderen Seminaren gute Elemente abschauen und auf eigene Aufgaben übertragen können. Ideal wäre es, wenn sie ihre eigene Seminararbeit eigenständig kritisch hinterfragen können: »Was war gut? Was muss verändert werden? Was sollte ich das nächste Mal besser weglassen?«

Gehen Sie zunächst einmal den Lernstoff für sich durch. Überlegen Sie, welche Inhalte wesentlich sind, welche Probleme sich bei der Vermittlung ergeben könnten, ob es einen sachlogischen Aufbau gibt usw. Sie müssen sich aber auch Gedanken darüber machen, wie Ihre Teilnehmer am einfachsten lernen, den Stoff sozusagen begreifen und annehmen und vielleicht auch selbstständig daheim vertiefen können. Referenten bzw. Trainer sollten also sowohl eine fachliche als auch eine methodische Perspektive einnehmen. Keine leichte Aufgabe, da Sie wechselweise zwei Perspektiven haben: die des Experten (das ist die Referentensicht) und die des unwissenden Teilnehmers.

STELLEN SIE SICH DAZU FOLGENDE FRAGEN

- Welche Eigenschaften/Merkmale besitzt der zu behandelnde Stoff, d.h., was muss man unbedingt wissen, um das Grundprinzip zu verstehen?
- Steht das Thema in einem Gesamtzusammenhang mit etwas Übergeordnetem?
- Welcher Zusammenhang besteht zu benachbarten oder verwandten Gebieten, so dass sich Parallelen zum benachbarten Gebiet oder Vor- und Nachteile gegenüber dem benachbarten Gebiet erkennen lassen?

Die Eigenarten des Lernstoffs

Die Eigenarten des Lernstoffs sind das, was man als Teilnehmer hinterher unbedingt wissen muss. Dies können allgemeine Eigenarten sein, die immer vorliegen, und besondere Eigenarten, die vorkommen können, aber nicht müssen.
Die allgemeinen Eigenarten beschreiben das, was wesentlich am Stoff ist. Ein Beispiel aus dem kaufmännischen Bereich: Der Scheck hat als allgemeine Eigenart, dass er eine Art der Geldübertragung ist, und zwar eine Zahlungsanweisung (»Zahlen Sie gegen diesen Scheck ...«). Die besondere Eigenart des Schecks ist erstens, dass der Scheck eine Form der bargeldlosen Geldübertragung ist, ähnlich einer Überweisung, einer Bezahlung mit Kreditkarte oder mit einem Wechsel. Zweitens muss der Scheck bestimmte, gesetzlich vorgeschriebene Angaben aufweisen, die ihn von anderen Zahlungsmitteln unterscheiden, wie z.B. ein bestimmter Wortlaut auf dem Formular oder bestimmte Fristen, in denen ein Scheck nach Ausstellung eingelöst werden muss. Drittens gibt es verschiedene Formen, nämlich den Barscheck (Auszahlung des benannten Betrages in bar) und den Verrechnungsscheck (Gutschrift erfolgt nur auf einem Konto des Zahlungsempfängers). Fachleute können übrigens spielend noch mindestens zwei weitere besondere Merkmale auflisten, was man an dieser Stelle aber nicht vertiefen muss.

Achten Sie auf die jeweiligen Eigenarten des Lernstoffs!

Kommen wir auf unser Beispiel »Seminar zur Seminarplanung« zurück und überlegen wir, was an einem Seminar eigentümlich ist. Zunächst einmal handelt es sich um eine Form von Wissensvermittlung. Sodann unterscheidet sich ein Seminar von anderen Lehrveranstaltungen hinsichtlich der Teilnehmerzahl, der Dauer und der Lehr-Lern-Interaktion.
Die allgemeinen Eigenarten bestehen darin, dass ein Seminar auf einen intensiven Wissenstransfer in einem verhältnismäßig kurzen Zeitrahmen abstellt, der auch eine kritische Auseinandersetzung beinhaltet. Daraus ergeben sich besondere Merkmale, nämlich die Beschränkung der Teilnehmerzahl (maximal 20 bis 25 Teilnehmer) und die intensive Betreuung durch Referenten. Ab ca. 12 Teilnehmern empfiehlt es sich, einen zweiten Referenten heranzuziehen. Ein Tipp an dieser Stelle: Nach Möglichkeit sollte man in einem Zweierteam »gemischt« arbeiten, also mit einer Frau und einem Mann. Irgendwie harmonieren solche Teams nicht nur besser, sondern können auch die Teilnehmer besser ansprechen.

Übergeordneter Zusammenhang

Meistens kann man ein Thema in einen übergeordneten Zusammenhang stellen. Das Thema »Zahlung mit Scheck« gehört in den Bereich Zahlungsverkehr. Das Thema »Gestaltung von Seminaren« kann man in die Gestaltung von Lehrveranstaltungen generell einordnen. An dieser Stelle empfiehlt sich die Frage, was am gewählten Thema exemplarisch für den gesamten übergeordneten Zusammenhang steht. Der Grund ist einfach: Wenn man dieses Exempel gut wählt, lernen die Teilnehmer nicht nur das Thema an sich kennen, sondern auch Gesetzmäßigkeiten für andere Themen aus dem gleichen Zusammenhang. Wer anhand der Seminargestaltung erkennt, wie man eine Lehrveranstaltung generell aufbauen muss, wird sich leichter an andere Formen der Lehrveranstaltung trauen. Und er entwickelt auch schneller das Bewusstsein, in der Veranstaltung wirklich etwas gelernt zu haben.

Zusammenhang mit anderen Gebieten – eine didaktische Chance

Daran schließt sich automatisch die Frage an, welche ähnlichen, vergleichbaren Stoffgebiete berührt werden – der Zusammenhang mit anderen Gebieten. Wenn man den Stoff gut aufbereitet, können die Teilnehmer ihr erlerntes Wissen leicht auf andere, verwandte Gebiete übertragen, was auch die Zufriedenheit mit der Lehrveranstaltung steigert. Bei der Behandlung des Schecks kann man zeigen, wie ein Buchhalter mit derartigen Vorgängen umgeht. Man kann genauso gut zeigen, welche anderen Formen einer bargeldlosen Zahlung bestehen, wie z.B. eine Überweisung, eine Bezahlung mit Kreditkarte oder mit einem Wechsel. Im Beispiel »Seminar zur Seminarplanung« kann man darauf hinweisen, welche anderen Formen von Lehrveranstaltungen es noch gibt. Dies fördert übrigens die kritische Auseinandersetzung, da die Teilnehmer auch andere Möglichkeiten kennen lernen. Einige Teilnehmer haben sich daher auch entschieden, nicht ein Seminar anzubieten, sondern ein Schulungsprogramm, was sich in der inhaltlichen Planung ebenso niederschlägt wie in der Ansprache des Zielpublikums.

Meta-Inhalt

Die Übertragbarkeit auf andere Themen muss aber nicht immer explizit angeboten werden. Oft erkennen gerade erwachsene Teilnehmer von sich aus die Übertragbarkeit auf andere Fragestellungen. Wenn Sie an dieser Stelle eine Diskussion zulassen, stärken Sie die Bereitschaft, das Gelernte auf andere Fragestellungen zu übertragen oder auch kritisch zu hinterfragen, und Sie fördern gleichzeitig das Selbstbewusstsein der Teilnehmer. Solche implizit vorhandenen Elemente kennzeichnen den Meta-Inhalt eines Seminars, der zum Erfolg eines Seminars oder einer anderen Veranstaltung wesentlich beiträgt.

Die Definition des Lernstoffs

Wann hat sich eine Lehrveranstaltung gelohnt?

Der Erfolg einer Lehrveranstaltung misst sich stets an der Frage: »Was hat mir als Teilnehmer die Veranstaltung gebracht?« Diese Frage können Sie anhand einer Leitfrage abarbeiten: Was müssen die Teilnehmer nach dem Seminar wissen, damit sie das Gefühl haben, die Teilnahme hat sich gelohnt? Die Antwort auf die Frage führt zur Festlegung von so genannten Lernzielen.

> Als Lernziele werden die Lerninhalte benannt, die ein Teilnehmer nach Abschluss der Veranstaltung beherrschen sollte, damit sich der Besuch der Veranstaltung gelohnt hat.

Wenn man Teilnehmern z.B. den Scheck erklärt, können Lernziele sein: den Scheck als Zahlungsmittel einordnen, gesetzliche Bestandteile eines Schecks aufzählen, einen Scheck buchhalterisch bearbeiten. Lernziele können aber auch die Fähigkeit umfassen, einen Scheck ordentlich und vollständig auszufüllen (um der kaufmännischen Sorgfalt willen), oder man kann das Bewusstsein für Gefahren der Scheckverwendung wecken, z.B. bei einem ungedeckten Konto oder bei einem Missbrauch durch unberechtigte Empfänger.

Lernziele festlegen – das Ziel der Veranstaltung definieren

Bei einem Seminar zur Seminargestaltung umfassen die Lernziele z.B. die Fähigkeit, ein Seminar zu planen, verschiedene Formen von Lehrveranstaltungen zu beschreiben, sowie das Kennenlernen von verschiedenen didaktischen Methoden und Mitteln. Außerdem sollten die Anwesenden ein Bewusstsein für die Wünsche der Seminarteilnehmer entwickeln.

Beispiele für die Bildung von Lernzielen

Die nachfolgende Tabelle hilft Ihnen bei der Ableitung von Lernzielen, wobei das Beispiel des Schecks und das Beispiel des Seminars zur Seminargestaltung Ihnen bei der Bestimmung eigener Lernziele helfen.

	Beispiel Scheck	Beispiel »Seminar zur Seminargestaltung«	Ihre Idee für eine Lehrveranstaltung (Seminar, Training, Workshop ...)
Das Besondere	Der Scheck ist eine Zahlungsanweisung.	Ein Seminar ist eine Lehranstaltung mit hohem Lehranteil durch Referenten und kleiner Teilnehmerzahl.	
Daraus abgeleitetes Lernziel	Der Scheck kann immer dann eingesetzt werden, werden, wenn man mit dem Geld noch arbeiten möchte oder die dafür notwendige Deckung erst in ein paar Tagen auf dem eigenen Konto eingeht.	Die Teilnehmer (TN) kennen verschiedene Formen von Veranstaltungen; TN lernen die Schritte der Seminar planung kennen; TN lernen Instrumente der Seminarplanung und -durchführung kennen, um den Anforderungen an ein Seminar gerecht zu werden.	
Übergeordnetes Gebiet	Zahlungsverkehr gestalten	Gestaltung von Lehrveranstaltungen; Wissensvermittlung erfolgreich betreiben	
Daraus abgeleitetes Lernziel	Je nach kaufmännischen Überlegungen kann ein Scheck besser geeignet sein als z.B. eine Überweisung.	Wissen um die Anforderungen erfolgreicher Wissensvermittlung bei einem eigenen Seminar der TN	

Benachbarte Fachgebiete	Buchhaltung: Verbuchung von Zahlungsvorgängen	Einblick in andere Formen der Lehrveranstaltungen; evtl. auch Einblick in die Teamarbeit, da Seminargruppen Teams auf Zeit sind	
Daraus abgeleitetes Ziel	Kaufmännisch korrektes Arbeiten mit Zahlungsmitteln	Wissen um verschiedene Formen; Wissen um die Anforderungen und Grenzen von Arbeit in Teams	

Verschiedene Arten von Lernzielen

Sie haben es sicher schon erkannt, es existiert eine Mischung aus verschiedenen Lernzielen. So gibt es fachliche Lernziele (Merkmale eines Schecks, Aufbau eines Seminars, Methoden der Wissensvermittlung) ebenso wie nichtfachliche Lernziele (z.B. korrektes und vollständiges Ausfüllen eines Schecks, Umgang mit Seminarteilnehmern). Die Pädagogik hat dies in verschiedene Bereiche aufgeteilt.

ARTEN VON LERNZIELEN

- Kognitive Lernziele, die sich auf den Erwerb und die Anwendung von Wissen beziehen, d.h., die Teilnehmer erwerben Kenntnisse, verstehen Zusammenhänge, wenden Wissen an, können analysieren oder eine Synthese erstellen, sie sind in der Lage, eine objektive Beurteilung vorzunehmen.
- Affektive Lernziele, die Einstellungen beinhalten, d.h., die Teilnehmer sollen aufmerksam werden, aufnehmen, reagieren, werten (mit subjektiven Einflüssen), charakterisieren.
- Soziale Lernziele, die auf soziale Kompetenzen wie Empathie, Arbeit in Kleingruppen bzw. Teams, Abstimmung mit anderen abstellen.
- Psychomotorische Lernziele, die handwerkliche Fähigkeiten, Bewegungsabläufe, Techniken ansprechen.

Kenntnisstand der Teilnehmer legt das Niveau der Lernziele fest

Sie wissen es selbst: Allein das Wissen um fachliche Merkmale genügt nicht, einen Scheck auch wirklich richtig einzusetzen. Genauso verhält es sich mit einer Lehrveranstaltung. Wenn Sie nicht auf den richtigen Umgang mit den Teilnehmern achten, ihnen Hilfen für die umfassende, ganzheitliche Betrachtung eines Lernstoffes an die Hand geben, dann werden die Teilnehmer den Lernstoff kaum wirklich verinnerlichen und anwenden. Zu einem Seminar zur Seminarplanung gehören daher nicht allein fachliche Lernziele, sondern auch Lernziele affektiver Art (z.B. Bewusstsein entwickeln für die Notwendigkeit, sich auf die Teilnehmer einzustellen), sozialer Art (z.B. höflicher, offener Umgang mit den Teilnehmern, genauso die Fähigkeit, auf die Wünsche der Teilnehmer einzugehen) oder psychomotorischer Art (z.B. einen Tageslichtprojektor sicher zu bedienen).

Je nach Kenntnisstand der Teilnehmer muss man zudem das Niveau der Lernziele beachten. Bei einem Einführungskurs reicht es völlig aus, Grundkenntnisse zu vermitteln und vielleicht einen Themenbereich etwas zu vertiefen. Haben Sie hingegen erfahrene Teilnehmer, werden Sie inhaltlich tiefer gehen und auch die eigenständige Anwendung, die Übertragung auf andere Felder oder auch die kritische Reflexion stärker beachten. Aus dieser Überlegung leitet sich die nachfolgende Tabelle ab. Sie bezieht sich auf die Arten von Lernzielen und untergliedert sie je nach Niveau.

GENAUERE AUFTEILUNG VON LERNZIELEN, IN ANLEHNUNG AN DIE FESTLEGUNG DES ISB MÜNCHEN[1]

Zielklassen /LERNZIEL-DIMENSION	**WISSEN**	**KÖNNEN**	**ERKENNEN**	**WERTE (mit Wertbezug)**	**WERTE (mit Handlungs-disposition)**
Didaktische Schwerpunkte	Behalten von Informationen und Verfügen über Informationen	Ausführen von Operationen (i.S.v. Methodenkompetenz)	Auseinandersetzung mit Problemen	Emotionale Wertung: • Wertschätzung • Abneigung	Emotionale Wertung und Bereitschaft, etwas zu tun/zu unterlassen
Einfache Anforderungsstufe	• Einblick (in Ausschnitte eines Wissensgebietes) • Überblick (über den Zusammenhang wichtiger Teile)	Fähigkeit (bezeichnet das Können, das zum Vollzug von Operationen notwendig ist)	Bewusstsein (Die Problemlage wird in ihren wichtigsten Aspekten erfasst)	Offenheit Aufgeschlossenheit Interesse Charakterisieren Abwägen Beurteilungsmaßstäbe anwenden	Neigung Führungswillen Bereitschaft, Kompromisse einzugehen
Mittlere Anforderungsstufe	Kenntnis (Stärkere Differenzierung der Inhalte und Betonung der Zusammenhänge)	Fertigkeit (verlangt eingeschliffenes, fast müheloses Können)	Ensicht (Eine Lösung des Problems wird erfasst bzw. ausgearbeitet)	Hochschätzung Achtung Freude (Selbst-)Vertrauen Beurteilungsmaßstäbe hinterfragen	Bereitschaft zur Wahrnehmung/Handlung/Übernahme von Führungsverantwortung
Hohe Anforderungsstufe	Vertrautheit (Souveränes Verfügen über möglichst viele Teilinformationen und Zusammenhänge)	Beherrschung (bedeutet souveränes Verfügen über die eingeübten Verfahrensmuster)	Verständnis (Eine Lösung des Problems wird überprüft und ggf. anerkannt)	Liebe Verehrung Begeisterung Selbstbewusstsein Beurteilungsmaßstäbe aufstellen	Entschlossenheit Selbstbehauptung Führungswille Fähigkeit, durch Nachdenken zu tieferen Erkenntnissen zu kommen
Zieldimension	Kognitive Lernziele	Kognitive und psychomotorische Lernziele	Kognitive Lernziele	Affektive und soziale Lernziele	Affektive und soziale Lernziele

[1] Das ISB ist das Staatsinstitut für Schulpädagogik und Bildungsforschung in München (www.isb.bayern.de). Die Lernzieltabelle wurde aufgestellt in Anlehnung an die regelmäßigen Veröffentlichungen »News« des ISB, hier Ausgabe VI/2001.

So gehen Sie sicher bei der Auswahl des richtigen Lernstoffs

Die Aufstellung von Lernzielen stellt für die meisten Lehrkräfte eine große Anforderung dar. Meistens hat man schon Vorgehensweisen im Kopf, bevor man über Lernziele nachdenkt. Dennoch eine Bitte an dieser Stelle: Verwenden Sie ausreichend Zeit auf die Ausarbeitung von Lernzielen. So sichern Sie ab, dass Ihre Teilnehmer auch wirklich etwas mit nach Hause nehmen. Und Sie vergewissern sich selbst, worauf Sie achten müssen. Gewissermaßen sichern Sie damit die Qualität Ihrer Lehrveranstaltung. Damit wird die Definition von Lernzielen zum Ausgangspunkt des Bildungs-Controlling.
Ziehen wir an dieser Stelle nochmals unser Beispiel »Seminar zur Seminarplanung« heran. Es geht im Seminar darum, zunächst mit grundlegenden Dingen vertraut zu werden. Einzelne Aspekte werden je nach Bedarf vertieft. Im Beispiel lagen folgende Lernziele nahe:

Lernziele sichern die Qualität

- **Kognitive Lernziele:** Einblick in die verschiedenen Formen von Lehrveranstaltungen erhalten (niedrige Stufe), Wissen um die Merkmale eines Seminars erwerben (mittlere Stufe), Überblick über die Ablaufschritte eines Seminars bekommen (niedrige Stufe), Kenntnis der einzelnen Schritte der Seminarplanung erhalten (niedrige Stufe), Möglichkeiten der Anwendung in anderen Veranstaltungsformen erkennen (niedrige Stufe), Kennenlernen von begleitenden Services für Seminarteilnehmer (niedrige Stufe)

- **Affektive Lernziele:** Wichtigkeit des partnerschaftlichen Umgangs mit Seminarteilnehmern akzeptieren (niedrige bis mittlere Stufe), Verständnis für Verhaltensweisen von Seminarteilnehmern entwickeln (niedrige Stufe), Notwendigkeit einer sorgfältigen Seminarplanung akzeptieren (mittlere Stufe)

- **Soziale Lernziele:** Bereitschaft entwickeln, neben fachlichen Inhalten auch soziale Komponenten im Seminarbetrieb zu berücksichtigen (niedrige bis mittlere Stufe), Bereitschaft entwickeln, sich auf die Wünsche der Teilnehmer einzulassen (niedrige bis mittlere Stufe), Bereitschaft entwickeln, Seminare als Teamarbeit zu sehen und verschiedene Formen von Teamarbeit einzuplanen (niedrige bis mittlere Stufe)

- **Psychomotorische Lernziele:** Umgang mit Tagungstechnik kennen lernen, z.B. Umgang mit Tageslichtprojektor, Flipchart und Pinnwand im Überblick kennen und anwenden lernen sowie Besonderheiten im Einsatz abschätzen lernen (niedrige bis mittlere Stufe)

Fassen wir diese Festlegungen in einer Übersicht zusammen. Zum besseren Vergleich können Sie die von Ihnen geplante Veranstaltung in der rechten Spalte daneben setzen.
Diese Übersicht ist aus Platzgründen nicht ganz vollständig, zeigt Ihnen aber, wie Sie für sich die übergeordneten Lernziele und damit auch die Kriterien für den Erfolg einer Lehrveranstaltung festlegen können.

	Beispiel »Seminar zur Seminarplanung«	**Ihre geplante Veranstaltung**
Übergeordnetes Ziel der Veranstaltung	Grundsätze der systematischen Seminarplanung und -durchführung kennen lernen	Grundsätze der systematischen Seminarplanung und -durchführung kennen lernen
Umsetzung in Lernziele	Einblick in verschiedene Veranstaltungsformen erhalten; Wissen um die Merkmale eines Seminars; Umgang mit Tagungstechnik kennen lernen und deren Einsatzmöglichkeiten abschätzen lernen usw.	Einblick in verschiedene Veranstaltungsformen erhalten; Wissen um die Merkmale eines Seminars; Umgang mit Tagungstechnik kennen lernen und deren Einsatzmöglichkeiten abschätzen lernen usw.
Der Erfolg der Veranstaltung ist gegeben, wenn ...	... die Seminarteilnehmer ein eigenes Seminar planen und durchführen können und sie sich sicher sind, dass es nach professionellen Grundsätzen geplant wird.	... die Seminarteilnehmer ein eigenes Seminar planen und durchführen können und sie sich sicher sind, dass es nach professionellen Grundsätzen geplant wird.

Der Erfolg der Veranstaltung ist gegeben, wenn ...	... die Seminarteilnehmer mit einzelnen Geräten der Tagungstechnik gearbeitet haben. ... die Seminarteilnehmer eine Idee für ein eigenes Seminar ausgearbeitet haben.	
Ich als Referent/ Veranstalter bin zufrieden, wenn ...	... die Seminarteilnehmer das Gefühl haben, dass sie ein Seminar selbst entwickeln und durchführen können.	

Die Planung des Vorgehens

Die Sozialformen

Die Medien

Die Lernzielkontrolle

4

So setzen Sie richtige Schwerpunkte

So entsteht ein erfolgreiches Team

So sichern Sie den Lernerfolg

Die Feinplanung des Stoffes

Die Umsetzungsplanung

In diesem Abschnitt lernen Sie, wie Sie den Stoff einer Veranstaltung zielgruppengerecht aufbereiten, geeignete Vermittlungsmethoden und Medien einplanen und eine Lernzielkontrolle vornehmen. Um in einem Bild zu sprechen:

Umsetzung in einen Ablaufplan

Wer ein schmackhaftes Essen kochen will, macht sich zunächst darüber Gedanken, ob er einen einfachen Imbiss oder ein umfangreiches Menü kochen möchte, wie viele Leute daran teilnehmen und welche Vorlieben die Gäste haben. Das waren die ersten drei Schritte in den vorhergehenden drei Kapiteln. Im vierten Schritt überlegen wir gemeinsam, welche Nahrungsmittel zur Verfügung stehen und wie diese zubereitet werden können. Sie wissen, was Sie den Gästen anbieten, und Sie wollen, dass die Gäste satt und zufrieden nach Hause gehen. Kehren wir zu unserem Ausgangsbeispiel zurück, dem Seminar zur Seminarplanung. Wir wissen, an wen sich das Seminar wendet, welche Lernziele erreicht werden sollen und wie viel Zeit zur Verfügung steht, nämlich ein Tag. Diesen Tag gilt es nun so zu füllen, dass die Teilnehmer hinterher satt und zufrieden nach Hause gehen.

Sie haben sich im vorhergehenden Kapitel 3 die theoretischen Grundlagen und die Bestimmung von Lernzielen erarbeitet. Nehmen Sie sich nun die Zeit für Ihre eigene Idee. Was bereits passiert ist: Sie haben die Zielgruppe für Ihre Veranstaltung festgelegt, den Nutzen der Zielgruppe und Ihren eigenen Nutzen bestimmt sowie geeignete Lernziele für diese Idee ausgearbeitet. Greifen wir diese Ergebnisse nochmals auf, damit Sie auch sehen, wie weit Sie bereits gekommen sind. Breiten Sie die Lernziele vor sich aus. Das sind die Werkstücke, mit denen Sie nun arbeiten werden bzw. die Bestandteile und Zutaten Ihres Gerichtes:

- Inhalt: Was ist neu/anders und damit der besondere Nutzen für die Teilnehmer?

  ____

  ____

- Beschreibung: Was sollen die Teilnehmer neu/besser/anders können nach Abschluss des Seminars?

  ____

  ____

Definition der Lernziele

Überlegen Sie nun, welche der Inhalte kognitive Lernziele (Wissen, Anwendung von Wissen), affektive Lernziele (Einstellungen), soziale Lernziele (Sozialkompetenzen) und psychomotorische Lernziele (mechanische Ausführung, handwerkliche Fertigkeiten, Bewegungen) berühren.

Niveau der Lernziele

Außerdem müssen Sie für sich bestimmen, ob die Lernziele auf einer einfachen Anforderungsstufe (akzeptable Vertrautheit mit den Grundlagen), auf einer mittleren Anforderungsstufe (Beherrschen wichtiger Bereiche, sicheres Anwenden der wesentlichen Inhalte, ggf. Übertragen auf anders gelagerte Sachverhalte nach Anweisung) oder auf einer hohen Anforderungsstufe (absolut sicheres Beherrschen, selbstständiges Übertragen auf andere, auch nicht direkt vergleichbare Situationen, kritisches Hinterfragen) angesiedelt sind. Die nachfolgende Tabelle hilft Ihnen bei Ihrer Planung:

Planung der Lernziele

PLANUNG VON LERNZIELEN

	Grundkenntnisse	**Mittlere Anforderungsstufe**	**Hohe Anforderungsstufe**
Kognitive Lernziele (Wissen, Anwendung von Wissen)			
Affektive Lernziele (Einstellungen)			
Soziale Lernziele (Sozialkompetenzen)			
Pychomotorische Lernziele (»Ausführen«, handwerkliche Fertigkeiten, Bewegungen ...)			

Sobald Sie die Lernziele aufgelistet haben, können wir uns nun dem Weg widmen, wie Sie diese Lernziele am besten erreichen. Bei der weiteren Feinplanung können Sie an der einen oder anderen Stelle entdecken, dass Sie vielleicht ein Lernziel noch nicht berücksichtigt haben oder ein anderes Lernziel vielleicht sogar überflüssig sein kann. Dies muss kein Fehler sein. Ganz im Gegenteil, Sie erkennen dadurch, was wirklich wichtig ist. Auch ein guter Koch fügt der Suppe noch etwas Gewürz hinzu, lässt die eine oder andere überflüssige Beilage weg oder entdeckt noch eine zusätzliche Möglichkeit zur Dekoration. Aber, auch das wissen Sie zur Genüge: Oft verliert das Essen an Geschmack oder wird sogar ungenießbar, weil zu viele Gewürze hinzugefügt worden sind.

Die Planung des Vorgehens

Sie wissen nun, was Sie vermitteln wollen. Aber wie Sie es vermitteln können, ist bisher noch nicht bekannt. Dazu gibt es verschiedene Wege, die in Abhängigkeit von der Vorbildung und den Vorerfahrungen der Teilnehmer gewählt werden. Sie können z.B. Ihren Teilnehmern sechs Verfahren vorstellen, mit denen man schwäbische Kässpätzle zubereiten kann. Sie können genauso gut erst einmal eine Variante vorführen und ausprobieren lassen und dann bei Interesse weitere Verfahren vorstellen oder auch von den Teilnehmern selbst entwickeln lassen. Vielleicht ist das sogar besser, da der eine oder andere Teilnehmer keine Zwiebeln mag und vielleicht lieber die Spätzle mit Apfelstückchen sowie Zimt und Zucker bevorzugt.

Zuerst ein Beispiel, oder doch lieber erst die Übersicht?

Diese und weitere Vorgehensweisen haben bestimmte Bezeichnungen und Charakteristika:

Die verschiedenen Vorgehensweisen

- **Analytisches bzw. deduktives Vorgehen:** Damit wollen Sie einen Überblick geben: Was gibt es alles? Und was ist daran wesentlich? Gegebenenfalls erfolgt eine Vertiefung anhand eines oder mehrerer Beispiele. Wesentlich an diesem Verfahren ist eine *Systematik* und deren Anwendung, anhand deren sich die Teilnehmer anderen Lerninhalten zuwenden können. Dieser Weg erfordert ein mittleres bis hohes Abstraktionsvermögen der Teilnehmer, um Zusammenhänge und Systematiken zu erkennen. (Das ist die Methode »Es gibt folgende fünf Varianten für Kässpätzle ...«.)
- **Induktives Vorgehen:** Hierbei behandeln Sie ein Beispiel aus der beruflichen Praxis als Problemfall und analysieren es eingehend. Ein bestimmtes *Problem* ist also der Ausgangspunkt. Davon ausgehend werden von Ihnen und/oder den Teilnehmern allgemeine Grundsätze aufgestellt. Dies erfordert geringes bis mittleres Abstraktionsvermögen bei den Teilnehmern und kann ein anspruchsvolleres Publikum schnell langweilen. (»Wie kann man Kässpätzle machen? Wir lernen die Zubereitung von Kässpätzle kennen und der einfachste Weg dazu ist folgender« Das »Problem« ist in diesem Fall die Frage, wie man Kässpätzle schmackhaft zubereiten kann.)
- **Genetisches bzw. kybernetisches Vorgehen:** Sie bestimmen den Ausgangsfall, ergänzen ihn durch mögliche Lösungswege (Beiträge der Teilnehmer und eigene Kommentare), wählen anschließend einen Lösungsweg als den idealen Weg aus und verfolgen die Erkenntnisse auf einer anderen Ebene unter Hinzufügen zusätzlicher Erkenntnisse. Dieses Ver-

fahren stellt auf die *Problemlösungskompetenz* der Teilnehmer ab. Es erfordert ein mittleres bis hohes Abstraktionsvermögen sowie Geduld, sich auf einen kybernetischen Prozess einzulassen. Und die Lehrkraft kann nicht unbedingt ein bestimmtes Ergebnis erwarten, sondern muss jedes Ergebnis akzeptieren, das erzielt wird, solange es ein brauchbares Ergebnis darstellt. Dieses Vorgehen ist im Prinzip eine komplexe Variante des induktiven Vorgehens. (»Spätzle sind Teigwaren, mit Teigwaren kann man verschiedene Speisen zubereiten, z.B. Kässpätzle oder als Beilage zum Braten, und dann überlegen wir uns noch weitere Varianten und wie die jeweiligen Varianten hergestellt werden müssen…«)

- **Analoges Vorgehen:** Sie wählen einen Beispielfall aus, lassen durch Ihre Teilnehmer ähnliche Fälle suchen sowie Gemeinsamkeiten und Unterschiede bestimmen. Im Ergebnis haben Sie eine Übersicht, wie der gelernte Stoff angewendet werden kann. Dieser Weg ist relativ leicht zu beschreiten, denn er erfordert nur ein geringes bis mittleres Abstraktionsvermögen. Er kann vor allem zu *Wiederholungen und zur Vertiefung von Wissen* dienen. Die Teilnehmer sollten durch die sorgfältig gewählten Beispiele zur Mitarbeit aktiviert werden. (»Spätzle sind eine Beilage, aus einem Teig gemacht. Welche Beilagen gibt es noch und wie kann man die Spätzle und die anderen Beilagen wechselseitig austauschen?«)
- **Modellbildung:** Sie entwerfen zunächst ein grundsätzliches Modell mit möglichst wenig Eigenschaften und verdeutlichen daran das Wesentliche. Sodann erfolgt eine Erweiterung des Modells entsprechend den eigenen Erfahrungen und Erkenntnissen. Dieses Vorgehen besitzt Ähnlichkeit mit dem induktiven Vorgehen und fordert ein vergleichbar einfaches Abstraktionsvermögen. Im Unterschied zum induktiven Ansatz gehen Sie hierbei *vom Modell aus, nicht vom Problem*, beschränken sich auf wenige Elemente des Modells und zeigen, welches Problem mit diesem Modell gelöst wird. (»Teigwaren sollen satt machen und vielfältig zu verwenden sein. Das Beispiel Spätzle…«) Das Vorgehen fördert also nicht so sehr die kritische Reflexion, sondern mehr das Lernen vom Beispiel her.

Unterschiedliche Aufbereitung des Stoffs erforderlich

Sie haben es sicher schon gemerkt: Jede dieser Vorgehensweisen erfordert eine unterschiedliche Aufbereitung des Stoffs, ein unterschiedliches Herangehen und ein unterschiedliches Einbeziehen der Lernenden. Und wie bereits angeführt, können Sie anspruchsvollere Verfahren vor allem dann einplanen, wenn bereits Vorwissen bei den Teilnehmern vorhanden ist. Wenn das Vorwissen eher gering ist, sollten Sie besser ein einfaches Herangehen wählen.

Die soeben erfolgte Aufzählung mit anschließender Kommentierung stellt einen typischen Fall von analytischem Vorgehen dar. Dieses Vorgehen war deshalb möglich, weil die meisten Teilnehmer schon Seminare, Schulungen und dergleichen mehr erlebt haben und daher die einzelnen Vorgehensweisen mit bestimmten Erlebnissen in Verbindung bringen und damit erfassen können. Wäre die Zielgruppe bisher unerfahren, hätte es zunächst einmal nahe gelegen, ein einzelnes Problem heranzuziehen und sich mit dessen Lösung auseinander zu setzen.

Übung zur Auswahl von Vorgehensweisen

An dieser Stelle lassen Sie sich bitte auf eine kleine Übung ein: Überlegen Sie selbst, welches Vorgehen für die nachfolgenden Aufgabenstellungen sinnvoll sein könnte:

- Einer Gruppe Auszubildender im Bäckerhandwerk soll am ersten Tag der Berufsausbildung gezeigt werden, welche Arten von Backwaren es gibt.
- Hochschulabsolventen aus Wirtschaftsfächern wollen an einem Nachmittag hören, wie man sich bei einem Unternehmen bewirbt.
- Erfahrene Führungskräfte eines Maschinenbau-Unternehmens wollen sich in einem zweitägigen Kurs mit neuen Managementmethoden vertraut machen.
- Wirtschaftsjunioren wollen an einem Tag erfahren, wie man erfolgreiche Seminare gestaltet.

Eine Hilfestellung

Wenn Sie noch keine Vorstellung von einem zweckdienlichen Vorgehen haben, hilft Ihnen vielleicht der eine oder andere Hinweis. Als Beispiel: Den Bäckerazubis kann man zunächst in einem Bäckereigeschäft alle Sorten zeigen und dann zu jeder Sorte etwas erklären (analytisches/deduktives Vorgehen). Man kann aber auch eine Sorte Brot herausnehmen, daran darlegen, was ein Brot ausmacht und wie es sich von anderen Backwaren wie Brötchen und Konditorwaren unterscheidet oder wie sich ein Weizenbrot von einem Weizenmisch- oder Roggenbrot unterscheidet usw. (Je nach Ausprägung ein induktives oder analoges Vorgehen.)

Das erste Vorgehen hat den Vorteil, dass Sie sehr schnell den Stoff abhandeln können. Sie laufen aber auch Gefahr, die Bäckerazubis gleich am Anfang zu überfordern – wer kann sich schon die über 100 Sorten Brot und Brötchen mit all ihren Merkmalen auf einmal merken? Das zweite Vorgehen hat den Vorteil, dass Sie von einem einzelnen Beispiel ausgehend zunächst einmal eine Basis schaffen und dann auf dieser Basis Weiterungen suchen. Optimal wäre es vielleicht, zunächst die Azubis feststellen zu lassen, welche Brotsorten sie selbst kennen. Auf diese Weise merken sie selbst, dass es eine große Menge gibt. Dann können Sie anhand einzelner Beispiele aus den genannten Sorten eine Struktur (1. Ebene: Backwaren, 2. Ebene: Brot – Brötchen – Konditorwaren, 3. Ebene: Weißmehlbrötchen – Vollkornbrötchen usw.) entwickeln und diese immer umfangreicher gestalten. So erhalten Sie die Spannung und überfordern die Lernenden nicht, unterfordern sie aber auch nicht. Auf der anderen Seite stehen die Teilnehmer nicht unter einer dauerhaft hohen Anspannung, da sie bereits einzelne Elemente kennen und zu ihrer eigenen Entlastung immer wieder auf das bereits bekannte Wissen zurückgreifen.

Richtige Mischung aus Spannung und Entspannung halten

Ein Nebeneffekt: Mit diesem Vorgehen werden Sie nicht nur eine reine Fachkenntnis lehren (es gibt Brot und das erkennt man an bestimmten Merkmalen), sondern auch gleichzeitig Meta-Inhalte vermitteln. Denken Sie z.B. an die Fähigkeit zu systematisieren, zu sortieren und zu gruppieren.

An den Meta-Inhalt denken

Daran erkennt man übrigens die wirklich guten Pädagogen in Beruf und Schule: Nicht allein der Stoff als solcher wird vermittelt, sondern auch noch andere, ebenso wichtige Kenntnisse und Fertigkeiten. Und Letzteres geschieht nicht direkt betont, sonder mehr unterschwellig. Der Vorteil aus Sicht der Lernenden: Sie erwerben den Meta-Inhalt gleichsam nebenbei und stärken damit ihr eigenes Selbstbewusstsein. Aber auch gleich eine Warnung: Übertreiben Sie es nicht mit den Meta-Inhalten, insbesondere dann, wenn Sie noch nicht über umfangreiche Lehrerfahrungen verfügen. Weniger ist hier mehr!

Dieser Hinweis hatte übrigens den Charakter eines kybernetischen Vorgehens: Neben den Fragen der Vermittlung von Fachwissen wurde eine zweite, weiter gefasste Ebene aufgebaut, die Ebene der Meta-Inhalte, und beide Ebenen wurden miteinander verbunden.

Sie merken selbst, in manchen Fällen ist es sinnvoll, ein einziges Verfahren zu wählen. In anderen Fällen haben Sie verschiedene Möglichkeiten, um zu einem zweckdienlichen Ergebnis zu kommen. Gerade in der Erwachsenenbildung besitzen Sie nach relativ kurzer Zeit genug Erfahrung und Selbstsicherheit, verschiedene Möglichkeiten zum richtigen Zeitpunkt anzuwenden. Am Anfang ist es aber besser, nur ein Verfahren anzuwenden, dieses aber konsequent durchzuziehen. So schaffen Sie sich eine sichere Basis für Ihr Vorgehen.

Spannung erhalten, aber nicht überdehnen

Wichtig ist es, ein Vorgehen zu wählen, das die Spannung erhält, also die Veranstaltungsteilnehmer weder unterfordert noch überfordert. Das gilt übrigens für alle anderen Elemente der Veranstaltungsplanung auch!

So akzeptieren Akademiker eher ein analytisches Vorgehen, da sie dank Ausbildung und Studium damit vertraut sind. Genauso werden bewährte Praktiker, die bereits in einem bestimmten Bereich Erfahrungen haben, ein analytisches Verfahren akzeptieren. Wer aber keine Erfahrung hat oder gar mit Unsicherheit an eine neue Materie herangeht, sollte die Möglichkeit haben, über ein einfaches Beispiel Erfolge zu erzielen und damit Angst abzubauen – ein induktives Verfahren oder der Einstieg über ein gut gewähltes Modell liegt hier näher!

Folglich könnte im zweiten Übungsbeispiel aus diesem Abschnitt, den Wirtschaftsstudenten im Kurs zur Bewerbungstaktik, eine höhere Abstraktionsebene zugemutet werden. Die meisten haben bereits Erfahrungen mit Bewerbungen, sei es aus Praktika oder einer vorhergehenden Berufsausbildung, und kennen zudem aus dem Studium die Thematik. Also bietet sich ein anspruchsvolles Verfahren geradezu an, wollen Sie Ihre Zuhörer nicht vorschnell langweilen und sich selbst als unkundig präsentieren.

Der Ablaufplan

Seminar ist nicht gleich Seminar, Schulung nicht gleich Schulung, Workshop nicht gleich Workshop. Abhängig vom Lernstoff und seinen Vermittlungsmöglichkeiten, vom Grad der Eigentätigkeit der Seminarteilnehmer, der Gruppengröße usw. kennen wir verschiedene Veranstaltungsformen. Wir haben bereits in den Definitionen verschiedene Formen oder Möglichkeiten kennen gelernt, wie sich eine Lehrveranstaltung gestalten lässt. Entsprechend dem Charakter bekommt sie eine entsprechende Bezeichnung:

- **Seminar:** Es dient der Vermittlung von Inhalten und der sozialen Begegnung. Der Seminarleiter gibt wesentliche Schritte vor und hat sowohl eine inhaltliche Kompetenz (Fachkompetenz) als auch eine Steuerungskompetenz (Steuerung des Lernprozesses). Die übliche Gruppengröße beträgt 3 bis 30 Teilnehmer. Optimal ist eine Größe von 7 bis 16 Teilnehmer. Ab ca. 12 bis 13 Teilnehmern sollten Sie einen zweiten Referenten vorsehen, da ansonsten die intensive Betreuung nicht mehr gewährleistet ist. Diese Form ist am besten geeignet, wenn der zu vermittelnde Lernstoff den Referenten bekannt und fest definiert ist. Bei einem Seminar liegt ein analytisches oder kybernetisches Vorgehen nahe, es können aber auch andere Vorgehensweisen im Seminar enthalten sein. Ein wesentliches Element ist die kritische Auseinandersetzung mit dem Lernstoff.
- **Workshop:** Er basiert in der Regel auf einem Problem und dient der Ideenfindung zur Problemlösung sowie zur Erarbeitung bestimmter Lösungen. Gegenüber dem Seminar orientiert sich die Arbeit im Workshop viel stärker an den Teilnehmern. Der Workshop-Leiter sollte sich als Moderator verstehen, der in fachlicher Hinsicht nur Impulse gibt und vor allem die Gruppe zusammenhält, zum Arbeiten motiviert und damit den Prozess steuert. Typische Gruppengröße: 3 bis 30 Teilnehmer, optimal sind 7 bis 16 Teilnehmer. Diese Form ist zu bevorzugen, wenn ein bestimmter Prozess im Vordergrund steht, z.B. zur Teambildung oder als Einführungs-Workshop für ein bestimmtes Projekt. Für Workshops empfiehlt sich vor allem ein induktives Vorgehen, aber auch kybernetische Vorgehensweisen können sinnvoll sein.
- **Training:** Es zielt auf die Vermittlung bestimmter Fähigkeiten und Fertigkeiten im engen Dialog zwischen Trainer und Teilnehmern. Der Trainer muss sich ein Bild von der Leistungsfähigkeit seiner Teilnehmer machen und diese an ihre jeweiligen Leis-

tungsgrenzen führen. Trainingsgruppen umfassen ca. 3 bis 20 Teilnehmer. Optimale Größen sind 4 bis 12 Teilnehmer. Diese Form liegt bei der Vermittlung bestimmter Fachinhalte mit hohem Bezug zur Arbeitspraxis nahe, z.B. als Verkaufstraining, EDV-Training. Hierzu ist in der Regel ein induktives oder analoges Vorgehen sinnvoll.

- **Erfahrungsaustausch-Gruppen (Erfa-Gruppen):** Sie bieten eine Auseinandersetzung mit dem Selbst- und Fremdbild. Die Arbeitsfrage lautet: Was kann der Teilnehmer alles aus seiner Sicht beitragen, um im Gegenzug vom Wissen der anderen Beteiligten zu profitieren? Erfa-Gruppen leben vom Geben und Nehmen! Als Gruppengröße liegt eine Zahl von 3 bis 40 Teilnehmern nahe, optimal ist eine Größe von 7 bis 16 Teilnehmern. Erfa-Gruppen praktizieren einen offenen, fairen Dialog und eignen sich vor allem, wenn Fachleute zu einem bestimmten Thema ohne vertiefende Lernarbeit dazulernen wollen. Hierbei können induktive und analoge Vorgehensweisen den größten Vorteil bieten, aber auch kybernetische Elemente sind reizvoll.

- **Kongress:** Das ist eine Veranstaltung über einen oder mehrere Tage, die verschiedene Einzelaspekte eines größeren Themenkomplexes behandelt, mit verschiedenen Referenten, die in der Regel nicht mehr als 60 Minuten Zeit bekommen. Die Zeit für Diskussionen wird häufig recht kurz bemessen. Kongresse richten sich an einen größeren Teilnehmerkreis (meist über 50) und besitzen sehr stark ein soziales Element: Die Begegnung der Kongressteilnehmer und der Austausch untereinander hat einen hohen Stellenwert. Kongresse können als Kombination aus Vortrags- und Workshop-Veranstaltung angeboten werden. Zudem können Dienstleister aus der Branche des Kongresses an Informationsständen für Kontaktaufnahmen bereit stehen.

Auf das Zahlenverhältnis Referent/Teilnehmer achten!

EIN HINWEIS FÜR ALLE VERANSTALTUNGSFORMEN

Je stärker die Teilnehmer einbezogen werden sollen, desto besser muss die »Betreuungsquote« sein. Sonst wird der jeweilige Trainer bzw. Referent schnell überfordert sein und einzelne Teilnehmer aus dem Auge verlieren. Dies hängt mit der Doppelverantwortung für Fachinhalt und Lernprozess zusammen. Als Anhaltswerte für die Teilnehmerzahlen gelten bei:

- Trainings: maximal 3 bis 5 Teilnehmer pro Trainer
- Workshops: maximal 5 bis 10 Teilnehmer pro Workshop-Leiter
- Seminare und Erfa-Gruppen: maximal 15 bis 16 Teilnehmer pro Referent/ Erfa-Leiter

Oftmals hilft es, mit einem Seminarleiter als Verantwortlichen für den Lernprozess und einem Referenten im engeren Sinne zu arbeiten.

Wann lohnt sich ein Seminar?

Im Beispiel »Seminar zur Seminargestaltung« wurde die Form »Seminar« gewählt, weil es um die Vermittlung eines relativ breiten Wissensgebietes in kurzer und konzentrierter Form ging. Dennoch sollten die Teilnehmer die Möglichkeit erhalten, sich kritisch mit dem Thema auseinander zu setzen, kreativ eigene Ideen zu entwickeln und dazu auch andere Veranstaltungsformen zumindest in Grundzügen vorgestellt zu bekommen. Da nur ein Seminarreferent zur Verfügung stand, wurde die Teilnehmerzahl auf 16 begrenzt. Es nahmen 15 Personen teil und dies war auch nur deshalb kein größeres Problem, da die Teilnehmer sehr diszipliniert arbeiteten. Aber nach acht Stunden gemeinsamer Arbeit konnte man dem Referenten die Anstrengung deutlich anmerken.

Die Vermittlungsmethoden

Vorkenntnisse und Situation bestimmen die Methode

Die Vermittlungsmethode bezeichnet die Art und Weise, wie Sie Lernstoff und Teilnehmer zusammenführen. Sie können die Teilnehmer direkt mit dem Stoff konfrontieren oder aber es den Teilnehmern überlassen, wie sie sich den Lernstoff aneignen. Je nach Vorkenntnissen der Teilnehmer und nach Situation in der Veranstaltung bieten sich verschiedene Methoden an:

- **Frontaler Vortrag:** Der Referent bzw. Trainer trägt das Thema vor. Diese Methode ist gut geeignet zum Überblick oder Einblick in ein bestimmtes Thema. Der Vortrag wird daher vor allem zu Beginn einer Veranstaltung oder an einem Wendepunkt (Übergang zu einem anderen Themengebiet) angesiedelt. Ein Vortrag sollte nicht zu lange sein (maximal 30 bis 45 Minuten) und möglichst immer durch weitere Medien unterstützt werden, z.B. Tageslichtfolien, Handouts, Flipchart-Notizen usw. Diese Vermittlungsform findet in der Regel nur im Plenum Anwendung. Das Vorführen eines Films, eines Tonbands oder einer PowerPoint-Animation ist im Prinzip ein Vortrag, da hier der Film, das Tonband bzw. die Animation die Rolle des Vortragenden übernimmt.
- **Referat:** längerer Vortrag, der ein bestimmtes Thema ausführlich vertieft oder einen sehr breiten Überblick über ein bestimmtes Thema bezweckt, Dauer bis zu 60 Minuten, sollte unbedingt durch Medien unterstützt werden.
- **Impuls:** kurzer Vortrag von 5 bis 15 Minuten Dauer, in dem ein einzelner Aspekt oder eine begrenzte Übersicht dargestellt wird. Ziel ist, die Zuhörerschaft an einem unbekannten oder unklaren Punkt inhaltlich weiterzubringen.
- **Diskussion:** Gut geeignet zum Meinungsaustausch und zur Reflexion, erfordert aber straffe Diskussionsführung. Die zeitliche Begrenzung liegt bei 30 bis 45 Minuten Dauer (Ermüdungseffekt, Pflicht zur Unterbindung von »Koreferaten«). Oft hat die Diskussion die Funktion, Emotionen abzubauen, wenn z.B. in einem Vortrag kontroverse Themen dargeboten wurden oder aber Verständnisprobleme existieren und sich daraus eine für die gesamte Teilnehmerschaft verbindliche Festlegung ergeben kann.
- **Konzeption:** Ausarbeitung einer bestimmten Idee auf der Basis eines Arbeitsauftrags. Diese Vermittlungsform kann mit allen Sozialformen verbunden werden und sollte nicht länger als 30 Minuten bei Einzel- und Partnerarbeit und nicht länger als 45 bis 60 Minuten bei Gruppenarbeiten dauern.

- **Simulationen:** z.B. in Form von Rollenspielen, Fallstudien, Planspielen etc.: Gut geeignet zur Übertragung auf eigene Fragestellungen, aber auch als Seminareröffnung, um Betroffenheit/Praxisbezug bei den Teilnehmern zu erzeugen. Simulationen können in Partnerteams, Klein- und Großgruppen durchgeführt werden. Simulationen erfordern eine gute Einführung der Teilnehmer in das Thema und eine plausible Aufgabenstellung. Je nach Vertrautheit der Teilnehmer mit diesem Instrument können Simulationen auch länger als 60 Minuten dauern, sollten aber von Zeit zu Zeit unterbrochen werden, um einen Gleichklang der einzelnen Arbeitsgruppen zu erreichen, weiterführende Arbeitsaufträge zu geben und Rückfragen zu klären.
- **Aktionen:** z.B. Punktierung (Abstimmung über einen Vorschlag mit Klebepunkten), Abstimmung, Kreativitätsübungen und Lockerungsübungen: Gut geeignet, Auflockerung in die Teilnehmerschaft zu bringen und bei strittigen oder unklaren Fragen das weitere Vorgehen zu klären. Für Aktionen sollte man nicht länger als 10 bis 15 Minuten ansetzen und sie vor allem nicht als pure »Spielerei« einplanen!

Diese verschiedenen Methoden lassen sich zu drei Gruppen von Methoden zusammenfassen:

- **Frontales Vorgehen** bzw. passive Methoden: Vortrag, Referent, Impuls.
- **Teilnehmerorientiertes Arbeiten** bzw. aktive Methoden (freie Diskussionen, Konzeptionen, Simulationen): Die Teilnehmer erarbeiten möglichst viel selbst, helfen sich gegenseitig und fragen nur bei Bedarf beim Referenten bzw. Trainer nach. Diese Methode ist gut geeignet für Transfer- und Festigungsleistungen, also die Anwendung von neuem Stoff auf eigene oder erweiterte Fragestellungen, oder auch für die Wiederholung von Lernstoff. Diese Methode erfordert eine gute Vorbereitung seitens des Referenten, die Bereitstellung von Arbeitsmaterial und Recherchemöglichkeiten (z.B. Lexika, Internet, Anleitungen). Bei Festigungsleistungen üben die Teilnehmer einen vorher vorgestellten Lernstoff.
- **Mischformen:** z.B. ein fragend-entwickelndes Vorgehen, gelenkte Diskussionen, Aktionen oder Simulationen mit regelmäßigen Reflexionsphasen. Zu Anfang werden sehr enge Vorgaben gemacht. Je nach Lernfortschritt kann man den Arbeitsraum der Teilnehmer schrittweise erweitern

– das Verfahren kennen alle sicher noch aus dem Schulunterricht. Ein anderes Beispiel aus dem Seminarbereich: Zwei Teilnehmer führen ein Rollenspiel zu einer problematischen Situation im Betrieb vor. Daraufhin analysieren die Teilnehmer die Probleme auf der Basis zielgerichteter Fragen und Arbeitsaufträge des Seminarreferenten, entwickeln ein ideales Handlungsmuster und setzen das Handlungsmuster in einem abschließenden Rollenspiel ein, das die im ersten Rollenspiel vorgestellte Problemlage bewältigt.

PRAXISTIPP

- Je besser die Teilnehmer den Lernstoff und die dazugehörigen Arbeitsmethoden schon beherrschen, desto stärker sollten Sie jene selbst arbeiten lassen.
- Teilnehmerorientiertes Arbeiten erfordert sehr sorgfältige Vorbereitung und die Bereitstellung von ausreichend Arbeits- und Recherchemitteln.
- Abwechslung ist immer gut, sollte aber nicht um ihrer selbst willen erfolgen, sondern einen didaktischen Zweck erfüllen (z.B. Kennenlernen eines neuen Verfahrens).
- Je stärker Sie teilnehmerorientiert arbeiten, desto größer wird der Lösungsraum. Das heißt, dass es nicht mehr die einzig richtige und verbindliche Lösung geben kann, sondern viele mehr oder weniger gut geeignete Lösungen. Lassen Sie im Bedarfsfall auch Lösungen zu, die Sie nicht vorher gesehen haben, die aber plausibel erscheinen!

Im Beispiel »Seminar zur Seminarplanung« wurden die Vermittlungsmethoden gemischt. Frontale Elemente zu Beginn, z.B. ein Vortrag (Elemente eines Seminars, Bestimmung von Lernzielen, Vorgehensweisen) wechselten mit Mischformen (gelenkte Diskussion als Aussprache) und teilnehmerorientierten Elementen (z.B. die Konzeption: Entwicklung einer Seminaridee in Einzel-, Partner- und Gruppenarbeit) ab. Letzteres fand aber im engen Zeitrahmen und vor allem in den begrenzten Vorerfahrungen der Teilnehmer seine Schranken. Eine Simulation als Beispiel für eine aktivierende Methode wäre bei einem Seminar für Fortgeschrittene angeraten. Man kann z.B. an die Darstellung einer konkret erlebten Konfliktsituation in einem Seminar und deren erfolgreiche Bewältigung denken.

Die Sozialformen

Von der Einzelarbeit bis zur Großgruppe

Je nach Lernstoff und Lehrmethode bietet es sich an, die Seminarteilnehmer in verschiedenen Gruppengrößen arbeiten zu lassen. Dies kann die Vermittlung des Lernstoffs entscheidend unterstützen, aber bei unzulänglicher Planung auch behindern. Die zahlenmäßige Zusammensetzung einer Arbeitsgruppe in einer Lehrveranstaltung wird als *Sozialform* bezeichnet. Die einzelnen Formen sind:

Plenum bei allgemeiner Information ansetzen

- **Plenum/Gesamtgruppe:** die Form, bei der alle Teilnehmer in einer einzigen, gemeinsamen Gruppe zusammenfinden. Dabei dominieren der Vortrag durch den Referenten oder einzelne Teilnehmer. Aber auch Diskussionen aller Teilnehmer untereinander sind möglich. Bei Vorträgen sollte man darauf achten, dass die Teilnehmer höchstens Zwischen- und Verständnisfragen stellen und alles Weitere in kleineren Gruppen vertiefen. Tipp: Notfalls die Frage bzw. den Einwurf in einem so genannten »Themenspeicher« notieren und später wieder aufgreifen. Bei Diskussionen sollte eine maximale Dauer festgelegt sein, z.B. 30 Minuten. So kann man Koreferate unterbinden. Impulsvorträge sollten nicht länger als 15 bis 20 Minuten dauern. Im Plenum gibt es Sonderformen wie Open space, Zukunftskonferenzen, Moderationen etc., was aber hier nicht vertieft werden soll. Das Plenum bietet sich an, wenn ein allgemeiner Informationsteil erfolgt oder ein wichtiger Zwischenschritt ansteht, beispielsweise ein Überblick über die Ergebnisse von Gruppenarbeiten.
- **Gruppenarbeit:** Einteilung der Teilnehmer in verschiedene, möglichst gleich große Gruppen, denen bestimmte Aufgaben zugewiesen werden. Kleingruppen bestehen aus 3 bis 6 Teilnehmern, Großgruppen aus 7 und mehr Teilnehmern. Bei Großgruppen besteht übrigens die Gefahr, dass sie in Untergruppen zerfallen. Gruppenarbeit ist gut, wenn die Teilnehmer einen bestimmten Inhalt auf eigene Fragestellungen anwenden und weiterentwickeln sollen. Sinnvollerweise sollte man als Referent bzw. Trainer durch die einzelnen Gruppen gehen und sich nach eventuellen Fragen bzw. Verständnisproblemen erkundigen, aber keine weiteren Impulse setzen. Gruppen leben aus ihrer eigenen Arbeit heraus! Sie werden regelmäßig erleben, dass in zwei verschiedenen Gruppen immer unterschiedliche Ergebnisse entstehen, auch wenn beide Gruppen den gleichen Arbeitsauftrag bekommen haben.
- **Partnerarbeit:** Bestimmung von Zweiergruppen (»Partnerteams«), die

gemeinsam bestimmte Aufgaben bearbeiten. Partnerarbeit empfiehlt sich dann, wenn man von einer großen Harmonie der Teilnehmer untereinander ausgehen kann oder wenn man das Kennenlernen der Teilnehmer untereinander befördern möchte – oftmals sprechen die beiden Partner zunächst über das, was ihnen auf dem Herzen liegt, bevor sie sich an den jeweiligen Arbeitsauftrag setzen. Partnerarbeit wirkt aber auch disziplinierender als z.B. Einzelarbeit, da beide sich gegenseitig unter Druck setzen werden, am Ende ein Ergebnis zu erzielen.

- **Einzelarbeit:** Jeder Teilnehmer soll einen bestimmten Auftrag bearbeiten. Diese Form bietet sich an, wenn die Teilnehmer zunächst einmal für sich Klarheit über eine bestimmte Idee, ein bestimmtes Problem gewinnen sollen. Einzelarbeit kann aber auch gut geeignet sein, wenn Sie sich aus bestimmten Gründen um einzelne Teilnehmer intensiver kümmern müssen und gleichzeitig die anderen Teilnehmer beschäftigt sein sollen.

Kommen wir auf das Beispiel »Seminar zur Seminarplanung« zurück. Dem Seminar lag folgende Gestaltung zugrunde.

BEISPIEL FÜR DIE PLANUNG DER SOZIALFORMEN

Ablaufphase	Sozialform	Begründung
Einstieg in das Thema; Vermittlung von Grundlagen	Plenum	Gegenseitiges Kennenlernen, alle Teilnehmer sollen auf dem gleichen Stand sein.
Fixierung einer eigenen Seminaridee durch die Teilnehmer	Einzelarbeit	Jeder Teilnehmer soll für sich eine Idee entwickeln, ohne durch andere abgelenkt zu werden.
Erarbeitung von Lernzielen	Partnerarbeit	Gegenseitige Unterstützung durch die beiden Partner
Impuls zu den Elementen der Feinplanung	Plenum	Gleichmäßige Information aller Teilnehmer; Festigung der gesamten Gruppe, z.B. durch Diskussion

Umsetzung der Seminaridee in ein fertiges Seminar anhand eines Beispiels	Kleingruppe	Jede Gruppe unterstützt sich gegenseitig, die stärkeren Teilnehmer helfen den schwächeren beim Einüben und Vertiefen; nicht jeder muss eine fertige Seminarplanung mit nach Hause nehmen, es reicht, dies an einem Beispiel gesehen zu haben.
Resümee	Plenum	Zusammenfassen des Seminarergebnisses, Klärung von Fragen etc., damit unsichere Teilnehmer sehen, dass auch andere noch Fragen haben.

Abhängigkeit von Sozialform und Arbeitsauftrag

Aus der Sozialform erwächst übrigens gleich die Aufgabe, den Gruppen entsprechende Arbeitsaufträge zu geben, damit die Gruppen auch einen Sinn für die Zusammensetzung erkennen. Bei einem Plenum haben Sie es leichter, denn Sie lassen alle an Ihrem Lernstoff teilhaben und müssen nicht alles mit einem expliziten Arbeitsauftrag verbinden.

Formen von Arbeitsaufträgen

Wenn Sie Arbeitsaufträge in Einzel-, Partner- oder Gruppenarbeit vergeben, haben Sie zwei Möglichkeiten:

- als **Parallelarbeit**: Alle erhalten den gleichen Arbeitsauftrag.
- als **differenzierte Arbeit**: Jeder Teilnehmer/jede Gruppe erhält einen anderen Auftrag.

TIPP

Arbeitsaufträge erfordern eine klare, präzise Auftragsformulierung. Je klarer der Arbeitsauftrag vorbereitet ist, desto leichter können Sie den Arbeitsauftrag vergeben!

Die Auftragsformulierung muss folgende Elemente enthalten:

- Auftrag und Auftragsbegründung: Was wird von den Gruppenmitgliedern bzw. den Teilnehmern der Partner- und Einzelarbeit erwartet? (Z.B.: »Erstellen Sie fünf Lernziele für Ihre Seminaridee! Diese fünf Lernziele benötigen Sie für die Planung des Seminarstoffs. Ich werde Ihnen im nächsten Schritt erläutern, wie das geht.«)

- Vorstellung und Dokumentation des Auftrags (Z.B.: »Der Auftrag lautet... Ich gebe Ihnen dazu Arbeitsblätter, auf denen der Auftrag festgehalten ist.«)
- Wie viel Zeit steht zur Verfügung? (Z.B.: »20 Minuten Zeit, und zwar von 10.00 bis 10.20 Uhr.«)
- Ort der Arbeit (Z.B.: »Gruppe 1 im grünen Zimmer, Gruppe 2 im roten Zimmer, Gruppe 3 hier im Raum« – erkunden Sie vorher die Räume!)
- Hilfestellungen (Z.B.: »Sie erhalten dazu Schreibmaterial und es liegen Fachbücher aus.«)
- Dokumentation der Arbeitsergebnisse und Verantwortlichkeiten für die Dokumentation (Z.B.: »Es liegen Tageslichtfolien und Folienstifte aus. Bitte bestimmen Sie als Erstes jemanden, der die fertigen Arbeitsergebnisse nachher in Form eines Kurzvortrags von maximal 3 Minuten vorstellt!«)
- Sonstiges (Z.B.: »Ich gehe von Gruppe zu Gruppe und stehe für Informationen zur Verfügung!«)

WICHTIG

Die Zusammenführung der Ergebnisse einer Teilnehmerarbeit – gleichviel ob Gruppenarbeit, Partnerarbeit oder Einzelarbeit – im Plenum ist ein wichtiger Schritt. Schließlich interessieren Sie sich als Referent für den Erfolg der jeweiligen Arbeiten und die Teilnehmer wollen wissen, welche Ergebnisse in den anderen Gruppen bzw. Partnerteams erzielt wurden.

Ergebnisse der Gruppenarbeit im Plenum vorstellen!

Präsentation bei Parallelarbeit

Möglichkeiten für das Zusammenführen bei Parallelarbeit sind z.B.:

- Alle Gruppen/Partnerteams stellen die Kernpunkte vor. Die Vorstellung sollte nicht mehr als 4 bis 5 Minuten dauern. Sie als Veranstaltungsleiter bzw. Referent fassen die Ergebnisse in einer Übersicht (vorbereitete Tabelle auf dem Tageslichtprojektor oder dem Flipchart) oder mit Moderationskärtchen an einer Pinnwand zusammen. Wenn sich die Arbeitsergebnisse zu sehr ähneln oder Sie zu sehr in Zeitdruck geraten, können Sie im Einzelfall die Präsentationen nach dem zweiten oder dritten Vortrag abbrechen und fragen, ob es noch grundsätzlich andere Ergebnisse gibt.
- Eine einzige Gruppe stellt ihre Ergebnisse vor (z.B. mit Flipchart oder mit

einer Projektorfolie), die anderen Gruppen ergänzen nur, was noch nicht erwähnt wurde. Dieses Verfahren bietet sich auch bei Partner- oder Einzelarbeiten an, wenn die Vorstellung jeder Arbeit zu viel Zeit erfordern oder die Teilnehmer zu schnell ermüden würde.

Präsentation der Ergebnisse von differenzierten Aufträgen

Bei differenzierten Arbeitsaufträgen sollte jede Gruppe ihre Ergebnisse vorstellen können. Möglichkeiten bestehen z.B. durch:

- **Vortragen** von elementaren Erkenntnissen und Ergebnissen. Diese elementaren Erkenntnisse werden im Verlauf der Gruppenarbeit auf einem Flipchart oder einer Projektorfolie festgehalten. Die Vorträge sollten zwischen 2 und 5 Minuten dauern.
- So genannte »**Messe-Präsentation**«: Jede Gruppe fasst ihre Ergebnisse auf einer Pinnwand zusammen, die an die Wand gehängt wird. Die Teilnehmer gehen von Pinnwand zu Pinnwand und informieren sich, was ca. 15 bis 30 Minuten dauern sollte. Jeweils ein Gruppenmitglied sollte für Erläuterungen bei der Pinnwand verbleiben. Anschließend wird über die Ergebnisse im Plenum diskutiert, Teilnehmer können ihre Fragen an die jeweiligen Gruppen stellen usw.
- So genannte »**Gesandtschaften**«: Jeweils zwei oder drei Gruppen oder Partnerteams (das sind die »Gesandtschaften«) setzen sich gegenüber und berichten von ihren Ergebnissen (Dauer: jeweils 5 bis 10 Minuten pro »Gesandtschaft«). Ein Vertreter in der Gesandtschaftsrunde fasst die Gemeinsamkeiten und Unterschiede zusammen und trägt sie abschließend im Plenum vor.

Durch die Aufgabe, die Gruppen- bzw. Partnerergebnisse vorzutragen, stärken Sie übrigens auch bestimmte persönliche Qualifikationen, sorgen also für »Meta-Inhalt«. Wer vorträgt, muss sich selbst und die Ergebnisse der Gruppe vor anderen »verkaufen« und meistens lernt der Betreffende auch, die wichtigsten Ergebnisse in kurzer Zeit aufzubereiten und darzustellen. Wenn Sie bei den betreffenden Personen diesbezüglich Unsicherheit feststellen, ermuntern Sie die Person z.B. dadurch, dass Sie die anderen Gruppenmitglieder zur Unterstützung verpflichten oder selbst Ihre Hilfe anbieten.

TIPP

Auch hierbei gilt: Je stärker auf die Eigenarbeit der Teilnehmer gesetzt wird, je mehr Sie den Arbeitsgruppen überlassen wollen, desto besser muss die Unterstützung der Teilnehmer sein, z.B. durch Arbeits- und Präsentationsmaterialien (Folien, Flipcharts, Pinnwände, Metaplan-Kärtchen, Moderationskoffer u.a.) oder Informationen (z.B. vorhergehender Impuls, Leittexte, Nachschlagewerke, Internet-Zugang etc.)!

Bildung von Gruppen leicht gemacht

Wenn Sie in kleineren Gruppen als dem Plenum oder in Partnerteams arbeiten wollen, stellt sich die Frage, wie man die Gruppen bilden kann. Dabei sollten Sie als Verantwortlicher ein System zum gleichmäßigen Zusammenstellen der Gruppen vorab festlegen. Denkbar sind folgende Verfahren:

- »abzählen«, z.B. von 1 bis 4; alle mit 1 gehen zur Gruppe 1, alle mit 2 zur Gruppe 2 usw. (zählen Sie vorher durch, damit die Gruppen ungefähr gleich groß sind!)
- nach Sympathie (»zusammenfinden nach gegenseitigem Wohlwollen«)
- nach bestimmten Themen (es finden sich die zusammen, die ein bestimmtes Thema vertiefen/bearbeiten wollen)
- nach Nachbarschaft (immer die zwei oder drei Nachbarn zusammen)
- nach besonderen Merkmalen (alle mit grünem Pullover, alle mit blauem Pullover... oder: alle Sternzeichen Stier, alle Sternzeichen Krebs usw.)

Zusammenstellung der Gruppen vorgeben

Ein Hinweis: Die vorgegebene Zusammenstellung von Gruppen ist immer dann wichtig, wenn:

- Sie verhindern wollen, dass sich nur altbekannte Gruppen zusammenfinden;
- Leistungsstarke eventuell Leistungsschwache aus ihrer Gruppe ausschließen wollen (denken Sie an die Sportstunden in der Schule, wie Mannschaften gebildet wurden!);
- Sie bestimmte Personen zusammenbringen wollen, die sich gegenseitig ergänzen können.

Die Ablauf- und Zeitplanung

Der Zeitplan als »Fahrplan«

Nachdem Sie die einzelnen Methoden und Arbeitsformen kennen gelernt haben, steht nun die Überführung in einen Ablaufplan – ein so genanntes »Zeit- und Inhaltstableau« – und dessen Verbindung mit den erforderlichen Arbeitszeiten an.

Interessant und eine wichtige Faustformel ist der Grundsatz: Je mehr Zeit man für einen bestimmten Abschnitt einplant, umso wichtiger ist dieser Abschnitt. Und umgekehrt: Je wichtiger etwas ist, desto mehr Zeit sollte man dafür vorsehen!

Sinnvoll ist ein Vierer-Schritt:

1. Aufmacher bestimmen: So ist die Situation/das Problem. (Doppelfunktion: Bekanntmachung des Themas und Beteiligung der Teilnehmer/innen)
2. Ergänzendes: Das müssen wir wissen, um die Situation/das Problem richtig bearbeiten zu können.
3. So können wir das neu gelernte Wissen anwenden.
4. Abschließend eine Reflexion oder Wiederholung als Überprüfung des Gelernten (»Lernzielkontrolle«)

Diese Planung nehmen Sie am besten mit einer einfachen Tabelle vor, einem so genannten Zeit- und Inhaltstableau:

Zeit- und Inhaltstableau

MUSTER FÜR EIN ZEIT- UND INHALTSTABLEAU

Spalte 1	Spalte 2	Spalte 3	Spalte 4
Zeitplanung	Inhalte und Lernziele	Methoden und Medien	Sonstiges

Die Reihenfolge der Ausfertigung ist dabei folgende:

- Spalte 2: Festlegung der Lernziele und Inhalte
- Spalte 1: Festlegung des erforderlichen Zeitaufwands, ggf. Verkürzung oder Verlängerung einzelner Seminarinhalte, je nach Wichtigkeit
- Spalte 3: Festlegung geeigneter Methoden und Medien – je nach Zeitaufwand und Lernstoff können einzelne Methoden und Medien nahe liegen oder ausscheiden. Sie wissen es nun selbst, dass eine Gruppenarbeit in der Regel mehr Zeit benötigt als ein frontaler Vortrag oder eine Einzelarbeit; das Ausfüllen von einzelnen Arbeitspapieren kann einfacher und schneller sein als das Erarbeiten einer Fallstudie, die im EDV-System hinterlegt ist. Manchmal merken Sie an dieser Stelle, dass Sie für einzelne Lernziele jetzt mehr Zeit benötigen als ursprünglich geplant.
- Spalte 4: Kontrolle des Drehbuchs und Vermerken von »Sonstigem«: Wollen Sie an bestimmten Stellen einen Hinweis geben, haben Sie früher an dieser Stelle mit bestimmten Dingen Erfolg oder Probleme gehabt, wollen Sie einen »spontanen« Witz erzählen? Diese besonderen Dinge werden vor allem dann zum Tragen kommen, wenn Sie die Veranstaltung bereits mehrfach durchgeführt haben und bestimmte Erfahrungen gewinnen konnten.

Drehbuch für Ihre Veranstaltung

Wenn Sie diese Tabelle für jedes Seminar anfertigen, haben Sie auf ca. 3 bis 6 Blättern alles, was Sie wissen müssen. Es entsteht eine Art »Drehbuch«. Sie können zu jedem Zeitpunkt vor oder während des Seminars kontrollieren, wo Sie mit den Seminarinhalten stehen, was Sie wann machen müssen, mit welchen Methoden und Medien, ob Sie noch im Plan liegen und ob Sie notfalls vom Plan abweichen müssen. Am besten bereiten Sie sich dieses Drehbuch als Blankodatei im Querformat vor und füllen es nach Bedarf aus.
Im Beispiel des »Seminars zur Seminarplanung« sah das Zeit- und Inhaltstableau so aus:

PLANUNG »SEMINAR ZUR SEMINARPLANUNG«

Zeitraum	**Inhalte Lernziele**	**Methoden und Medien**	**Sonstiges** (z.B. mögliche Probleme, Hinweise, Vorschlag für eine Lernzielkontrolle)
9.00 Uhr	Begrüßung • Vorstellungsrunde: Name, Firma, Thema für ein Seminar, gibt es eine spezielle Frage?	Kärtchenabfrage	
9.30 Uhr	Wer ist unsere Zielgruppe: Klärung der Ausgangsbedingungen • Zunächst Rundgespräch: Was kann alles relevant sein? • Dann Umsetzung in Ausarbeitung • Lernziel: Bestimmung Zielgruppe, Abstimmung des Seminarthemas	Impuls Einzelarbeit: Arbeitsblatt	Hinweis: »roter Faden« – das geplante Seminar begleitet einen durch die gesamte Veranstaltung!
10.00 Uhr	Kurze Runde: Wo stehen wir? Fragen, Anregungen ... dann Weiterarbeit	Rundgespräch	
10.30 Uhr	Abschluss, Feedback, Pause		
10.45 Uhr	Analyse des Lernstoffs: Festlegung von Lernzielen • Analysetechniken kennen und anwenden lernen • Was sind Lernziele – Möglichkeiten der Definition erhalten • Bereiche von Lernzielen • Erster Schritt: Arbeitsblatt ausfüllen • Dann Runde: Was fällt uns auf? • Dann Ausfüllen des unteren Bereichs	Impuls Diskussion Einzelarbeit (15 min) Plenum Partnerarbeit (20 min)	
12.15 Uhr	Erste Feedback-Runde: Wo stehen wir? Wie geht es uns?	Plenum	
12.30 Uhr	Mittagessen		

13.30 Uhr	Umsetzung in eine konkrete Seminarplanung • Planung des Vorgehens • Gestaltung der Veranstaltung • Vermittlungsmethoden • Sozialformen • Formen • Ablauf- und Zeitplanung • Medieneinsatz • Abschlusskontrolle/Lernzielkontrolle	Impuls mit Folie Arbeitshilfe Diskussion	Austeilen der Arbeitshilfe zum Vortrag Reflexion: Wie wirkt ein Impulsvortrag? Was muss man dabei beachten?
14.15 Uhr	Umsetzung in das eigene Beispiel: Planung einer Veranstaltung anhand der eigenen Vorstellungen und Vorplanungen	Einzelarbeit (30 min) Diskussion in 3er-Gruppen (30 min)	
15.15 Uhr	Pause		
15.30 Uhr	• Vorstellung von ein bis zwei Beispielen aus der Gruppenarbeit • Rückmeldung: Vor- und Nachteile von Einzel- und Gruppenarbeit • Zweite Feedback-Runde: Wie sieht es aus? Wie weit ist die Planung vorangeschritten? • Klärung »Sonstiges«	Plenum	
16.15 Uhr	Abschluss	Plenum	Rückgriff auf die Kärtchen vom Anfang: »Alle Fragen geklärt?«
16.30 Uhr	Ende		
	Im Anschluss Einzelberatung, sofern gewünscht		

Manche Referenten planen den erforderlichen Zeitbedarf direkt nach dem Festlegen der Inhalte und der Lernziele. Dies kann auch ein taugliches Vorgehen sein, setzt aber ein hohes Maß an Erfahrung voraus und führt oft genug dazu, dass der Referent aufgrund Zeitnot ein sehr umfangreiches Lernstoff-Programm vorsieht und ohne Rücksicht auf Lernprobleme den Stoff »durchzieht«. Dieses Vorgehen können Sie sich nur dann erlauben, wenn die Teilnehmer es von vornherein akzeptieren oder Sie auf einer so sicheren Seite sitzen, dass Ihnen auch negative Reaktionen seitens der Teilnehmer nichts anhaben können.

PRAXISTIPP

Achten Sie bei der Zusammenstellung von Sozialformen etc. darauf, dass Sie als Referent nicht permanent in Aktion sind. Vermeiden Sie ständig zu sprechen, sonst sind Sie schnell überlastet. Sinnvoll geplante Einzel- oder Gruppenarbeiten schonen die eigenen Stimmbänder und erlauben es, sich schon einmal auf die nächsten Lernschritte vorzubereiten oder auch im Bedarfsfall Änderungen im Ablauf der Veranstaltung vorzubereiten.

Oftmals hat man die Veranstaltung schon komplett im Kopf. Alles, was einem fehlt, ist der richtige Einstieg. Da geht es Referenten und Trainern ähnlich wie Schriftstellern, die zwar den Schluss ihres Romans oder Krimis schon kennen und alle Handlungsstränge aufgezeichnet haben, aber denen der erste Satz nicht gelingen will. Hierzu einige Vorschläge:

ZEITBEDARF UND EINSTIEGSMÖGLICHKEITEN

Veranstaltungsart	Teilnehmerzahl	Themen (Beispiele)	Einstiegsmöglichkeiten
Seminar	a) 6 bis 10 b) 10 bis 15	a) Weinseminar b) Personalauswahl	Rundfrage: Stellen Sie sich bitte mit Namen vor und sagen Sie kurz, zu a) was Sie am heutigen Seminar interessiert, zu b) welche Erfahrungen Sie bisher mit Personalauswahl gesammelt haben und was Ihnen für den Seminarerfolg besonders wichtig ist.
Workshop	5 bis 15	Zukunft der Abteilung Marketing	Vorstellung der Teilnehmer und ihrer Funktion, anschließend Abfrage: »Wie wichtig ist Ihnen die Abteilung Marketing?« (Punktierung mit Klebepunkten auf einem Stimmungsbarometer, anschließend Aussprache zu den Einschätzungen)
Training	3 bis 10	Verkaufstraining für Haustürverkauf	Vorstellung der Teilnehmer, anschließend Erfahrungsaustausch: »Welche Erfahrungen machen wir bisher mit Haustürverkauf und wie zufrieden ist jeder Einzelne damit?«
Schulung	3 bis 20	Produktschulung	Vorstellung aller Teilnehmer, Schulungsreferent stellt sich mit seiner Sach- und Fachkompetenz vor und erläutert den Zweck des Zusammentreffens sowie den zeitlichen Ablauf
Erfahrungsaustauschgruppen	5 bis 25	Unternehmensführung im Buchhandel	Begrüßung durch Erfa-Leiter; Verweis auf die vorher zugesandte Tagesordnung; Abfrage, ob noch weitere Anliegen existieren, dann Einstieg in das erste Thema (sollte möglichst ein unstrittiges Thema sein)
Vorlesung	20 bis 200	BWL-Einführung in das Marketing	Begrüßung durch Referenten, Vorlage des Stoffplans, Einstieg mit einem Beispiel aus dem Marketing

Die Medien

Funktion der Medien

Medien sind »Mittler«. Medien helfen Referenten und Trainern, einen bestimmten Lernstoff an ihre Lernenden weiterzugeben. Medien haben in einer Veranstaltung eine ähnliche Funktion wie Kochtopf und Besteck beim Kochen – ohne geht es nicht, aber der Kochtopf oder das Schälmesser allein ersetzt auch nicht die Speise.

Eignung der Medien je nach Aufgabe

Für Referenten und Trainer steht eine Vielzahl an Medien zur Verfügung:

- Gespräch (z.B. bei Vortrag oder Diskussion – die Stimme der Referenten bzw. Trainer und der Teilnehmer dient als Medium)
- Papiere mit Inhalt (z.B. Texte, Arbeitsblätter, Handouts) und ohne Inhalt (z.B. leeres Schreibpapier, Flipchart)
- Flipcharts
- Pinnwände und andere Arbeitswände (z.B. Magnetwände, Kreidetafeln)
- Dias/Lichtbilder
- Film
- Tonträger (Kassettenrecorder, CD-Spieler, Tonbandgerät ...)
- Tageslichtprojektor
- Computer, einschließlich der Online- und CD-ROM-Angebote
- Beamer-Präsentation (im Prinzip eine Kombination von Tageslichtprojektor und Computer)
- Arbeitsmaterial (z.B. für Bastelzwecke oder auch Moderationskärtchen)
- Anschauungsmaterial (z.B. Modelle von Maschinen)
- usw.

Die Aufzählung ist mit Absicht offen gelassen. Sicher fällt Ihnen auch noch ein weiteres Medium ein.

Medien können in verschiedenen Situationen einer Lehrveranstaltung mehr oder weniger gut geeignet sein. So sind bei Vorträgen Medien gut geeignet, die bereits mit ihrem Inhalt vorbereitet sind. Das gilt z.B. für fertige Handouts, Tageslichtfolien, Filme, Dias, Beamer-Präsentationen usw. In teilnehmerorientierten Phasen hingegen müssen die Medien Arbeit und damit auch Veränderungen und Ergänzungen zulassen, z.B. Arbeitsmaterial. Einzelne Medien wie Pinnwände oder Flipcharts können eine Zwischenstellung einnehmen. Sind sie leer oder nur mit einer groben Struktur vorbereitet, dann können sie zum aktivierenden Verfahren eingesetzt werden. Wurden sie hingegen schon inhaltlich vorbereitet, können sie auch für ein frontales Vorgehen dienen.

Die nachfolgende Tabelle schlägt Ihnen Einsatzmöglichkeiten der einzelnen Medien vor, benennt aber auch Probleme und Begrenzungen des Einsatzes.

HINWEISE ZUM EINSATZ BESTIMMTER MEDIEN

Medien	Empfehlungen zum Einsatz	Mögliche Probleme beim Einsatz	Möglichkeiten, mit den Problemen umzugehen
Gespräch (Stimme)	• Einfacher Einsatz • Hohe Variabilität in kritischen Situationen	• Ermüdung der eigenen Stimme • Schlechte Wirkung durch minderwertige Rhetorik • Ermüdung der Teilnehmer	• Stimmtraining und Atemtraining • Rheotrik-Schulung • Nicht zu lange Strecken (max. 3 bis 5 Minuten) ohne weitere Medienunterstützung sprechen
Papiere (Arbeitsblätter ...)	• Darstellung von Sachverhalten • Dokumentation • Begleitung des Seminarinhalts	• Schlechte Zusammenstellung • Ablenkung der Teilnehmer durch »Vorblättern«	• Sorgfältige Prüfung von Umfang und Abfolge • Austeilen erst zu Ende des Seminars
Dias/Lichtbilder	• Darstellung eines Bildes	• Schnelle Ermüdung der Teilnehmer	• Nur ein bis zwei Bilder einsetzen
Flipchart	• Arbeit vor der Gruppe • Dokumentation von Arbeitsergebnissen • Präsentation	• Schlechtes Schriftbild • Schlechte grafische Wirkung	• Schreiben vorab üben • Sorgfältige Ausarbeitung, soweit möglich
Pinnwand	• Arbeit vor/in der Gruppe • Dokumentation von Arbeitsergebnissen	• Hoher Aufwand (Moderationsmaterial) • Unvollständiges Moderationsmaterial • Aufbau im Seminarstress nicht immer klug durchdacht	• Ausstattung des Moderationskoffers vorab planen • Immer »Reserveausstattung« dabei haben • Aufbau möglicher Pinnwand-Blätter vorplanen
Film/Video Beamer-Präsentationen	• Schneller Überblick über ein Thema	• Hoher technischer Aufwand • Frontaler Einsatz verhindert Vertiefung eines Themas	• Filme nur zur Unterhaltung oder Einführung in ein Thema einsetzen

Medien	Empfehlungen zum Einsatz	Mögliche Probleme beim Einsatz	Möglichkeiten, mit den Problemen umzugehen
Film/Video Beamer-Präsentationen	• Schneller Überblick über ein Thema	• Technische Probleme mit dem Gerät • Konservatives Publikum lehnt übertriebenen technischen Aufwand ab (v.a. bei Beamer-Präsentationen!)	• Nur Filme von max. 5 bis 10 Minuten Dauer einsetzen, ggf. Nur einen Ausschnitt zeigen • Geräte und Wirkung im Raum vor Einsatz prüfen • Akzeptanz beim Publikum prüfen
Tonträger (Kassettenrecorder, CD-Player ...)	• Schneller Überblick • Bei hoher Bedeutung von akustischer Wirkung/Untermalung (z.B. Aufwärmübung)	• Technischer Aufwand • Schnelle Ermüdung der Teilnehmer • Technische Probleme	• Tonträger nur zur Unterhaltung, zur Einführung oder für Körperbewegung einsetzen • Maximale Dauer 2 Minuten, bei körperlicher Bewegung max. 5 Minuten • Geräte vor Einsatz prüfen
Tageslichtprojektor	• Kann nach Bedarf eingesetzt werden • Kann Vorträge gut unterstützen	• Referent sollte Einsatz vorher geübt haben • Folien sollten gut vorbereitet und nicht überladen sein	• Sprechen zu den Zuhörern, nicht »gegen die Wand«! • Geräte vor Einsatz prüfen
Computer/E-Learning	• Kann bei standardisierten Lernstoffen eingesetzt werden • Erfordert regelmäßige Lernkontrolle	• Erfordert technische Ausstattung und gründliche Einweisung der Lernenden	• Einsatz über längeren Zeitraum vorsehen
Arbeitsmaterial	• Kann von Teilnehmern in der Veranstaltung bearbeitet und anschließend mitgenommen werden	• Hoher Aufwand • Anwendung klappt nicht immer	• Arbeitsmaterial durchdacht einsetzen, mit der Möglichkeit, auch einmal Ausschuss zu produzieren

Medieneinsatz je nach Situation

Aufgrund der Einsatzmöglichkeiten und -grenzen liegt es nahe, in bestimmten Situationen einer Lehrveranstaltung bestimmte Medien zu bevorzugen. Auch hierzu bieten sich einige Medien in besonderer Form an.

MEDIENEINSATZ IM VERLAUF EINER VERANSTALTUNG

Situation	Geeignete Medien	Hinweise zum Einsatz
Eröffnung	Gespräch, Flipchart mit vorbereitetem Papier, Tageslichtprojektor-Folie, fertiges Modell	Medium sollte eine Übersicht über das Thema aufzeigen und maximal 5 Minuten eingesetzt werden.
Überblick über ein Thema (Vortrag u.Ä.)	Gespräch, Tageslichtprojektor, Beamer, Film etc., vorbereitete Pinnwand oder Flipchart	Logische Struktur sollte leicht erkennbar sein und bei Rückfragen leicht wiederholbar sein.
Vertiefung eines Themas (v.a. durch Vortrag)	Tageslichtprojektor, Handouts, bei kurzen Vorträgen auch vorbereitete Flipcharts, bei technischen Angelegenheiten auch ein Modell oder Arbeitsmaterial	Medien sollten die Kernpunkte enthalten, nicht den Volltext der Ausführung, damit sie den Vortrag unterstützen können.
Vertiefung in Diskussion etc.	Flipcharts, Pinnwände, evtl. Mitschrift auf Tafel oder Tageslichtfolie	Medien sollten ermöglichen, die Entwicklung von Gedanken nachzuvollziehen. Außerdem sollten sie evtl. auch als Basis für eine anschließend zu erstellende Dokumentation dienen können.

Themenspeicher	Flipchart, Tafel, Pinnwand	Themenspeicher sollten zum Abschluss einer Veranstaltung nochmals herangezogen werden, sollten also leicht zu handhaben sein.
Vertiefung in Gruppenarbeiten etc.	Flipchart oder Tageslichtfolie, bei technischen Angelegenheiten auch ein Modell oder Arbeitsmaterial	Unbedingt auf leichte Transportfähigkeit (vom Plenum in die Gruppenarbeitsräume und zurück) achten, sie sollten eine Präsentation im Plenum und die Übernahme in eine Dokumentation erlauben.
Abschluss	Flipchart oder Pinnwand	Sollten einen Rückgriff auf die Ausgangsfragen sowie einen Überblick über die gesamte Veranstaltung erlauben.

Grundsatz zum Medieneinsatz

Medien haben aber immer eine dienende Funktion, denn sie unterstützen nur die Lehrtätigkeit. Medien ersetzen aber niemals fehlende Inhalte oder Methoden! »Medien sind Brücken, nicht Krücken!« Planen Sie daher den Medieneinsatz immer erst dann, wenn Sie den Inhalt und die geeigneten Methoden bereits bestimmt haben.

Wenn Sie mit bestimmten Medien nicht vertraut sind, legen Sie zunächst eine Übungsrunde ein. Erst wenn Sie sicher im Umgang sind, sollten Sie die entsprechenden Medien auch einplanen. Leider wissen immer noch zu wenig Referenten z.B., dass die Konzeption des Tageslichtprojektors erlaubt, den Inhalt der Folien von der Glasscheibe abzulesen (das geht, ohne dass man geblendet wird!). Wie oft wird statt dessen von der Wand abgelesen und der Referent spricht im wahrsten Sinne des Wortes »gegen die Wand« statt zu den Teilnehmern …

Zu bestimmten Medien werden Kurse angeboten, in denen Sie den richtigen Einsatz lernen können. So sollten Sie bei der Anschrift auf Flipcharts am besten einen blauen Stift verwenden und Wichtiges rot hervor heben. Bei einer Wandtafel oder einer Tageslichtfolie sind blaue Farben hingegen ungeeignet. Ein Buchtipp hierzu: Josef W. Seifert: Visualisieren, Präsen-

tieren, Moderieren. Offenbach: Gabal-Verlag, aktuelle Auflage, ca. 15 Euro.
Auch fremde Medien (z.B. Tageslichtprojektor eines Tagungshotels) sollten immer vorab ausprobiert werden. Es hat schon manchen Referenten aus dem Konzept gebracht, weil der Einschaltknopf an der falschen Stelle saß, die Kabel nicht in der Steckdose steckten oder das Bild zu unscharf war. Gehen Sie dazu nach Möglichkeit immer 15 bis 30 Minuten vor Veranstaltungsbeginn in den Veranstaltungsraum und bauen Sie Ihre Medien auf bzw. probieren Sie die vorhandenen Medien aus. An dieser Stelle noch ein offenes Wort: Wenn Sie Teilnehmer zu eigener Arbeit auf der Basis von Medien motivieren wollen, sollten Sie sich bei der Auftragserteilung vergewissern, dass die Teilnehmer mit den entsprechenden Medien umgehen können. Gerade bei Einzel- und Gruppenarbeiten sollten Sie sich durch Herumgehen davon überzeugen, dass die Teilnehmer mit den vorbereiteten Medien arbeiten können. Oftmals wissen die Teilnehmer nicht, dass Moderationskärtchen nur mit dicken Filzstiften und mit höchstens fünf bis sechs Worten beschrieben werden dürfen. Viele Teilnehmer schreiben Sätze mit Kugelschreiber und diese Karten sind schon aus zwei Meter Entfernung nicht mehr zu lesen. Entsprechend viel Zeit ist dann für die Erklärung und das langsame Handhaben einzuplanen! Und vielleicht bereiten Sie auch mehrere Möglichkeiten vor, so dass die Teilnehmer sich das Medium aussuchen können, das ihnen am besten liegt. Außerdem sollten Sie immer einen kleinen »Notfallkoffer« dabei haben. Oft entsprechen die vom Veranstalter oder vom Tagungshotel bereit gestellten Materialien nicht Ihren Vorstellungen oder sind schon so abgenutzt, dass sie sich kaum noch einsetzen lassen. Dieser Notfallkoffer enthält z.B.:

Vorbereitung auf unzureichende Präsentationstechnik

- jeweils vier wasserlösliche und wasserfeste Folienstifte
- zehn leere Tageslichtfolien
- einen Block Schreibpapier, DIN A4 (weiß oder kariert)
- mehrere dicke Filzstifte für Flipchart-Anschriften (z.B. drei blaue, je ein schwarzer und ein roter Stift)
- ein Bündel Moderationskärtchen (am besten weiß oder gelb)
- Krepp-Klebeband
- eine Schachtel Reißnägel
- eine Packung Klebepunkte für Punktierungen (am besten rot oder dunkelgrün)
- eine Schere
- zwei Bleistifte und ein Kugelschreiber
- und – wenn Sie viel Platz haben – eine Rolle Flipchart-Papier

Inhalt »Notkoffer«

Damit sind Sie gegen die meisten Fährnisse unzureichender Präsentationstechnik gewappnet.

Die Lernzielkontrolle während und nach dem Seminar

Lernzielkontrolle ist für alle Beteiligten wichtig!

Vergewissern Sie sich an dieser Stelle, ob Sie den Lernfortschritt der Teilnehmer erfahren bzw. wie Sie Lernschwierigkeiten rechtzeitig erkennen und entsprechend reagieren können. Dies ist aus zwei Gründen wichtig:

- Die Referenten bzw. Trainer erfahren, was von ihrem Stoff angekommen ist und was nicht. Daraus ergeben sich Anregungen, wie der Stoff in Zukunft besser aufbereitet werden kann, ob der Referent bzw. Trainer sein Lehrverhalten ändern muss usw.
- Die Teilnehmer erfahren, was sie alles gelernt haben und was ihnen noch fehlt. Damit gewinnen sie Selbstsicherheit in der Anwendung des gelernten Stoffes und in der kritischen Hinterfragung von Seminarinhalten und erhöhen letztendlich ihre eigene Zufriedenheit mit der Lehrveranstaltung.

Rechtfertigung gegenüber Finanzier

Im Übrigen besteht auch die Möglichkeit, dass ein Unternehmen seine Mitarbeiter zu einer Lehrveranstaltung entsendet und für diesen Zeit- und Geldaufwand einen angemessenen Gegenwert erwartet. Teilnehmer wie Referenten können umso leichter argumentieren, wenn die Lernzielkontrolle einen Lernfortschritt verdeutlicht. Zur Lernzielkontrolle bestehen verschiedene Ansätze:

- Rückfragen und Fortführungen durch die Teilnehmer während der Veranstaltung, z.B. Verständnisfragen auf Seiten der Teilnehmer; weitergeführte Gedanken bis hin zu Diskussionen unter den Teilnehmern, vertiefende Fragen in Kaffeepausen etc.
- Rückfragen durch den Referenten an die Teilnehmer, z.B. Wiederholungsfragen, Aufforderungen zur Kommentierung etc., bei deren Beantwortung beide Seiten den Lernfortschritt erkennen können (Negativbeispiel: »Haben Sie das verstanden?«, Positivbeispiel: »Sie haben als Seminaridee ein Weinseminar genannt. Erläutern Sie bitte, welche Lernziele Sie bei Ihren Teilnehmern bilden können!«)
- Dokumentation bestimmter Ergebnisse, z.B. in Form eines Blitzlichtes, »Das nehme ich mit«-Statements oder »Baumes der Erkenntnis« (Siehe nachfolgende Hinweise zur Abschlussrunde.)
- Eigenarbeit der Teilnehmer bei Tests (schriftlich, mündlich, EDV-gestützt/per Internet) Gruppen-/Part-

ner-/Einzelarbeiten oder Planspiele während oder nach dem Seminar: Welche Ergebnisse werden erzielt? Welche Probleme sind beim Bearbeiten erkennbar? Welche Unklarheiten herrschen noch nachher? (Diese Form der Leistungskontrolle ist vor allem bei Trainings und Schulungen nahe liegend.)

- Mittelfristige Arbeitserfolge (z.B. höherer Umsatz, schnelleres oder sorgfältigeres Arbeiten) und Bewährung in neuen Aufgaben (z.B. erfolgreiche Übernahme einer Führungsposition)

Oftmals werden Sie bemerken, wie sich Teilnehmer untereinander Tipps geben oder über strittige Themen diskutieren und sich dadurch gegenseitig weiterbringen. Auch das ist eine schöne Form der Lernzielkontrolle.

Weitergabe an Kollegen bedenken

Wenn Sie eine Veranstaltung für die Mitarbeiter eines Unternehmens oder einer Organisation durchführen, können Sie mit Ihrem Auftraggeber auch vereinbaren, dass Teilnehmer z.B. eine hausinterne Schulung für die Kollegen durchführen müssen, in der sie den Lernstoff betriebsgerecht aufbereiten und weitergeben. Auch dies ist eine wirkungsvolle Form der Lernzielkontrolle. Damit kann die Lernzielkontrolle zum Ausgangspunkt eines Bildungscontrolling werden!

Abschlussrunde als allgemeine Lernzielkontrolle

Die Abschlussrunde am Ende einer Lehrveranstaltung lässt sich leicht in den Dienst der Lernzielkontrolle stellen. Sie erfahren ein zusammenfassendes Votum und die Teilnehmer müssen erklären, ob sie zufrieden sind oder aus welchen Gründen sie unzufrieden sind.

Bekannte und leicht anwendbare Methoden für die Abschlussrunde sind:

METHODEN FÜR DIE ABSCHLUSSRUNDE			
Methode	**Blitzlicht**	**»Das nehme ich mit«-Runde**	**Baum der Erkenntnis**
Vorgehen	Alle Teilnehmer geben reihum oder nach einer Zufallsauswahl (z.B. Zuwerfen eines Balls) eine Einschätzung ab, der Seminarleiter fängt an (wichtig auch als Beispiel für diejenigen, die diese Methode nicht kennen).	Jeder Teilnehmer schreibt auf ein bis vier Moderationskarten auf, was er mitnimmt/was ihm am Seminar wichtig war, das kann Inhalte ebenso betreffen wie die Gruppe oder den Ort. Der Seminarleiter kann, muss aber nicht zum Abschluss seine Karten aufhängen.	Ausgehend von einer Basis werden die fachlichen Inhalte in lockerer Form mit Stichworten abgefragt, auf Moderationskarten geschrieben und an den Baum geheftet. Der Seminarleiter heftet die Karten an oder lässt die Personen selbst anheften, die etwas gesagt haben.
Vorbereitendes	Keine Vorbereitung erforderlich	Pinnwand und Karten, ggf. Erwartungstafel aus dem Einstieg	Pinnwand mit Baumumriss vorbereiten, dazu Karten bereitlegen
Was wird deutlich	Ein wichtiger Kerngedanke pro Person, sowohl fachlich als auch zum Vorgehen in der Veranstaltung	Mehrere wichtige Gedanken oder Lerninhalte, die die Teilnehmer mitnehmen	Welche Inhalte wurden behandelt und wie hängen die Inhalte zusammen?
Erforderliches Material	Ggf. ein Ball oder ein anderer Gegenstand, den man dem jeweiligen Sprecher zuwerfen kann	Pinnwand, Pinnadeln und Filzstifte	Pinnwand mit vorbereitetem Plakat: Skizze eines Baumes, dazu Moderationskarten, Pinnnadeln und Filzstifte
Zeitaufwand	Pro Teilnehmer ca. 1 Minute erforderlich	Ca. 5 Minuten zur Reflektion, danach ca. 1 bis 3 Minuten pro Teilnehmer	Ca. 15 bis 30 Minuten, abhängig von der Größe des Baumes

Grenzen	Viele Teilnehmer äußern Kritik eher verhalten oder gar nicht, ab ca. 10 Teilnehmern schließen sich viele ihrem Vorredner an.	Darf nicht nach stressbelasteten Seminaren eingesetzt werden, da in solchen Fällen schon die Spannung und damit die Leistungsfähigkeit weg ist.	Erinnert manche Teilnehmer an Schulunterricht und kann daher auf Schwierigkeiten stoßen.
Besonders zu empfehlen bei	Zeitknappheit, wenn neben fachlichen Inhalten auch direktes Feedback zur Lehrleistung gewünscht wird (z.B. zu unterschwelligen Konflikten, wenn die Bereitschaft besteht, dies offen zu sagen)	Bei Gruppengrößen ab ca. 6 bis 7 Personen, in denen ein guter, freundschaftlicher Umgang vorhanden war	Sollte eher bei Grundlagenseminaren eingesetzt werden, in denen ein stringenter Stoffaufbau gegeben ist.

Der Umgang mit Konflikten

Konflikte sind immer möglich

Ein offenes Wort an dieser Stelle: Manchmal, zum Glück eher selten, kommt es zu Konflikten in einer Lehrveranstaltung. Dabei können wir verschiedene Arten von Konflikten erkennen:

Konfliktarten

- Konflikte der Seminarteilnehmer untereinander
- Konflikte einzelner Seminarteilnehmer mit dem Referenten, sei es aus persönlichen Gründen (persönliche Antipathie) oder aus fachlichen Gründen (unterschiedliche Auffassung über bestimmte Themen/Aussagen) oder aus Gründen des Vorgehens (aus Sicht des Teilnehmers falsche Vorgehensweise), ein relativ häufiger Konflikttypus, der sich aber mit etwas Vorbereitung leicht lösen lässt (siehe unten)
- Konflikte der gesamten (oder fast der gesamten) Teilnehmerschaft mit dem Referenten, die Ausnahme

Sie haben es in der Regel mit Erwachsenen zu tun, die sich relativ geduldig auf das Vorgehen des Referenten einlassen und nur bei größeren Problemen unruhig werden. Als Seminarleiter oder Referent können Sie sich nicht auf jede Art von Konflikt perfekt vorbereiten. Was Sie aber auf alle Fälle machen können: sich auf bestimmte Muster einstellen und einige Handlungsweisen »vorausdenken«.

Konflikte sind nicht als solche negativ für ein Seminar. Oftmals bringen Konflikte sogar neue Dynamik in das Seminar. In der Regel wird auch nicht der Seminarleiter bzw. der Referent als Person angegriffen. Steht das Vorgehen des Referenten im Mittelpunkt des Konflikts, geht es in erster Linie um sachliche Dinge, wie z.B. zu schnelles oder zu langsames Vorgehen oder eine ungeeignet erscheinende Aufbereitung des Lernstoffs. Darauf können Sie durch eine Abänderung Ihres Verhaltens oder durch eine kurze Erklärung für Ihr Verhalten reagieren. Stehen hingegen einzelne oder mehrere Teilnehmer im Mittelpunkt oder werden Sie als Person angegriffen, gibt es verschiedene Interventionsmuster:

- Zwei Teilnehmer aus einem Betrieb geraten in Konflikt. Hier können persönliche Aversionen ebenso den Grund bilden wie Auseinandersetzungen zwischen verschiedenen Abteilungen. Bitten Sie die beiden Teilnehmer, den Konflikt im Interesse der anderen Teilnehmer zurückzustellen oder vor der Türe auszutragen. Ergreifen Sie dabei zunächst nicht für einen Teilnehmer Partei, da Sie nicht die Hintergründe kennen. Geben Sie aber auch zu erkennen, wenn aus Ihrer Sicht ein Angriff an dieser Stelle unberechtigt ist.

- Zwei Teilnehmer, die sich vorher noch nicht kannten, geraten miteinander in Konflikt. Versuchen Sie zunächst, diesen Konflikt nicht in die große Runde zu tragen. Bitten Sie darum, den Konflikt in die nächste Pause zu verschieben. Gelingt dies nicht, unterbrechen Sie die Veranstaltung und sprechen Sie den Konflikt in der betroffenen Kleingruppe an. Ergreifen Sie nach Möglichkeit nicht Partei, sondern suchen Sie nur nach einem Kompromissvorschlag, am besten ist eine Verschiebung außerhalb des Seminars. Im äußersten Notfall, sofern sich der Konflikt nicht bereinigen oder aufschieben lässt, bitten Sie die Teilnehmer, die Veranstaltung zu verlassen, da der Konflikt den Erfolg für alle gefährdet.
- Ein Teilnehmer greift Sie mehrfach an und hinterfragt Ihre fachliche Kompetenz oder Ihr persönliches Verhalten. Bitten Sie den Teilnehmer, den Problempunkt aus seiner Sicht sowie eine Lösungsmöglichkeit darzulegen. Sind seine Argumente berechtigt, geben Sie dies zu erkennen. Sind sie unberechtigt oder aus Ihrer Sicht nicht nachzuvollziehen, geben Sie den Punkt zunächst an die Runde weiter und fragen, ob auch andere Teilnehmer damit ein Problem haben. Wenn ja, müssen Sie handeln. Wenn nein, erkennt der Querulant, dass er allein steht.

Oberste Regel in einem Konfliktfall: Lassen Sie zunächst den Konflikt vom Kontrahenten darstellen, wiederholen Sie ihn als sachliche Aussage, wenn Sie selbst angegriffen werden. Wenn jemand anders angegriffen wird, räumen Sie ihm die Möglichkeit der Gegenrede ein, sofern der Konflikt noch handhabbar erscheint.

Interventionsmöglichkeiten bei Konflikten

Je nach Inhalt können Sie die Aussage zunächst in die Runde geben (»Sehen Sie das auch so oder gibt es dazu noch andere Ansichten?«), gleich beantworten (»Das erörtern wir später!« oder »Ich muss das jetzt leider so machen, weil …«) oder auf einen späteren Zeitpunkt verschieben (»Dies betrifft nur Sie beide, aber nicht das gesamte Plenum. Ich bitte Sie daher: Klären Sie das anschließend in der Kaffeepause!«). Anhand der Reaktionen aus dem Teilnehmerkreis können Sie sehr schnell erkennen (und der Kontrahent übrigens auch), ob es den anderen Seminarteilnehmern auch so ergeht oder ob es sich um ein einzelnes Votum handelt. Vielen reicht es schon aus, dass sie ein Unwohlfühlen artikulieren können und dieses anerkannt wird.

Ein abschließender Hinweis: Mich hat es immer wieder überrascht, wie solidarisch »die große Mehrheit« der Seminarteilnehmer ist. Entweder versuchen sie, mit besonderem Einsatz das Seminar voranzubringen und dem Störenfried regelrecht den Wind aus den Segeln zu nehmen, oder sie schlagen Kompromisse vor. Manchmal, wenn die Störungen zu massiv, die Angriffe zu übertrieben sind, greifen sie sogar zugunsten des Referenten ein. Insofern kann ich nur sagen: Keine Angst vor Konflikten!

Die Abschlusskontrolle

Abschließende Kontrolle als Qualitätssicherung

Zum Abschluss Ihrer Planung sind Sie es sich selbst schuldig, noch einmal die gesamte Planung zu prüfen. Sie erkennen, ob etwas vergessen wurde, ausgedehnt oder gekürzt werden sollte oder ob Änderungen des Konzepts erforderlich sind. Stellen Sie sich dazu folgende Fragen:

- Sind alle anfangs definierten Lernziele berücksichtigt?
- Wo benötigt der Referent/Trainer noch Hilfen (z.B. Vorbereitungsliteratur, unterstützende Materialien, Austausch mit Kollegen)?
- Wo benötigen die Teilnehmer noch Hilfen oder Unterstützung (z.B. Arbeitsmaterial)?

Diese Abschlussprüfung stellt Ihre Qualitätskontrolle dar. Nehmen Sie daher die Abschlussprüfung entsprechend ernst. Verschieben Sie die Prüfung möglichst ein oder zwei Tage nach hinten, damit Sie mit einem unbefangenen Blick nochmals an Ihr Konzept herangehen. Vielleicht kann Ihr Lebenspartner, ein Freund oder Kollege das Konzept gegenlesen und Sie auf Dinge aufmerksam machen, die Ihnen u.U. entgangen sind. Gerade erfahrene Referenten und Trainer nehmen diese Abschlussprüfung nicht immer so wichtig und erleben dann in ihrer Routine manchen Reinfall (den sie dann mehr oder weniger routiniert bewältigen – auch das ist eine interessante Erfahrung!).

Materialprüfung

Prüfen Sie dabei auch, ob Sie alle benötigten Materialien bereitgelegt haben. Dazu kann Ihnen diese Liste helfen:

CHECKLISTE

Seminarvorbereitung – Tagungstechnik (wenn Sie selbst als Referent unterwegs sind):

- Laser-Pointer
- Folienschreiber (mit Funktionsprüfung!) und Ersatzstifte
- Handouts
- Folien für Tageslichtprojektor
- Beamer (Funktionsprüfung!)
- Tonband/Kassetten und Abspielgeräte (Funktionsprüfung!)
- CD-ROMs und Abspielgeräte (Funktionsprüfung!)
- Bücher und andere Hinweise für Büchertisch
- Moderationskoffer (Prüfung auf vollständige Füllung!)

Betriebswirtschaftliche Fragen

E-Learning

Sonstiges

5

Grundlagen zur wirtschaftlichen Erfolgssicherung

Die computergestützte Lehrveranstaltung

Das könnte noch nützlich sein

Services für die Teilnehmer

Services sichern die Kundenzufriedenheit

Stellen Sie sich einmal folgende Frage aus der Sicht Ihrer Erfahrungen als Teilnehmer eines Seminars oder einer Schulung: Welche Services können und/oder müssen angeboten werden, damit Sie als Teilnehmer zufrieden sind? Sicher fallen Ihnen einige Möglichkeiten ein. Ergänzend eine kleine Hilfestellung:

- Seminarmaterial: Tischvorlagen, ein Büchertisch und Ähnliches können den Lernerfolg absichern und werden von den Teilnehmern oft als hilfreiche Ergänzung empfunden.
- Seminargetränke/Verpflegung: Es ist inzwischen üblich geworden, zumindest Mineralwasser, Kaffee und Tee als Seminargetränke bereitzustellen. Dies hat auch für den Dozenten eine entlastende Funktion: Durstige Teilnehmer werden schnell unruhig. Geht eine Veranstaltung über die Mittagszeit, empfiehlt es sich, zumindest einen Imbiss (z.B. verschiedene belegte Brötchen und etwas Obst) bereitzustellen. Wer seinen Teilnehmern besonders aufmerksam begegnen möchte, reicht zudem in den Pausen nicht nur ein paar Plätzchen oder Süßigkeiten, sondern auch etwas Obst, das sich ohne große Saftspritzereien oder Zuhilfenahme von Besteck verzehren lässt. Besonders gut geeignet sind z.B. Weintrauben, Bananen (vorher kurz oben anschneiden zum besseren Schälen oder ein Messer bereitlegen), Aprikosen, Äpfel oder Birnen. Abzuraten ist von Mangos, Kiwis und Ähnlichem.
- Anfahrtskizzen für den Weg zum Veranstaltungsort sind ein Muss, am besten ergänzt durch Hinweise zu den öffentlichen Verkehrsmitteln (Bus, Bahn, Flugzeug). Hilfreich sind auch bei mehrtägigen Veranstaltungen Hotelhinweise oder gar das Angebot von Hotelkontingenten zu ermäßigten Tarifen, wenn die Übernachtung nicht im Teilnahmepreis inbegriffen ist.
- Weitere Informationen zum Seminarhotel, wie z.B. Fitnessraum: Wie oft haben Sie sich schon als Teilnehmer geärgert, dass Ihr Seminarhotel ein Schwimmbad oder einen Fitnessraum bietet, und Sie waren nicht darauf eingerichtet? Auch solche eher nebensächlichen Informationen können wichtig sein.
- Vorabinformationen zum Thema: Manchmal kann es erforderlich sein, die Teilnehmer vorher über bestimmte Dinge zu informieren, z.B. Bücher zum Thema.
- Telefon-/Faxdienst: Bei manchen Veranstaltungen, vor allem bei längerer Dauer, legen die Teilnehmer darauf

Wert, dass wichtige Informationen sie erreichen. Dies gilt vor allem bei Veranstaltungen für Führungskräfte. Manchmal kann es auch sinnvoll sein, genau dies zu unterbinden. Vermerken Sie das aber auch entsprechend deutlich auf der Ausschreibung, damit die Teilnehmer darüber informiert sind!

- Abholdienst am Bahnhof/Flughafen: Wenn Seminarunterkünfte mehr als fünf Kilometer vom nächsten Bahnhof entfernt sind, ist es ein Gebot der Höflichkeit, einen Fahrdienst einzurichten. Ein verpatzter Transfer kann schon zu Beginn die Stimmung sehr vermiesen.
- Prospekte zu anderen Angeboten des Veranstalters und/oder der Dozenten: Zufriedene Teilnehmer wollen oft »mehr«. Hierzu kann man auf einem Büchertisch Prospekte und anderes Informationsmaterial (z.B. Kopien von Fachaufsätzen) auslegen. Weisen Sie einmal, entweder zu Beginn oder zu Ende des Seminars, darauf hin, aber nicht öfters. Letzteres könnte den Eindruck hinterlassen, dass Sie mit aller Gewalt etwas verkaufen wollen. Wie gesagt, zufriedene Teilnehmer kommen von sich aus wieder!

Eine angemessene Leistung bieten!

Für die Planung von Services gilt ein Grundsatz: Nur das bieten, was der Teilnehmer als nützlich empfindet. Ein Zuviel ist genauso schädlich wie ein Zuwenig, da man nicht nur zusätzliche Kosten verursacht, sondern auch bei Seminarteilnehmern den Eindruck hinterlässt: »Die schießen mit der Schrotflinte.«

Möglicherweise hat man auch bald ein anderes Problem: Gewöhnt man die Teilnehmer erst einmal an unnötig umfangreiche Services, lassen sich diese kaum noch auf ein niedrigeres Maß zurücknehmen – die Teilnehmer haben sich nun einmal daran gewöhnt, auch wenn sie es nicht direkt gebrauchen können. Services sollten daher sorgfältig geplant werden anhand der Frage: Was brauchen die Teilnehmer davon tatsächlich? So genügt es meistens im Bereich der zusätzlichen Lernmaterialien, ein Skript mit den wichtigsten Stichworten sowie Zeichnungen und ein paar ausgewählte Literaturhinweise auszuteilen. Nur bei mehrtägigen Seminaren kann es darüber hinaus sinnvoll sein, entsprechende Bücher des Referenten auszuteilen. (Nur dann trägt der Seminarpreis in der Regel auch den Einkaufspreis der Bücher!)

Betriebswirtschaftliche Fragen

Wirtschaftliche Solidität beachten

Damit sich eine Veranstaltung sowohl inhaltlich als auch betriebswirtschaftlich lohnt, sind einige Punkte zu beachten:

- **Personal** ist der wichtigste Qualitätsfaktor bei Veranstaltungen. Einem guten Referenten sieht man u.U. einen nicht ganz so ansprechenden Veranstaltungsort nach. Prüfen Sie daher: Wer ist Referent bzw. Trainer (fachliche Kompetenz, pädagogische Kompetenz)? Lassen Sie sich gegebenenfalls Referenzen geben bzw. bieten Sie von sich aus Referenzen an! Fragen Sie sich auch, wer als Begleitpersonal erforderlich ist, z.B. für das Tagungssekretariat!
- **Werbung:** Wie erfolgt die Einladung zur Veranstaltung (Einzel- und Sammelprospekt, Pressemitteilungen, Anzeigen, Mailings, Werbung für das Seminar bei Privatpersonen, Entscheidungsträgern in Firmen/Institutionen, Berichte in Fachzeitschriften, Anzeigen im Seminarplaner von einschlägigen Fachzeitschriften, Beilage der Programme in anderen Anschreiben oder als Werbebroschüre in Fachzeitschriften, Hinweis im Internet, Info-E-Mail usw.)? Prospekte können in der Regel sehr preiswert sein, bedingen aber auch hohe Streuverluste, wenn die Adressdateien zu ungenau sind.
- **Öffentlichkeitsarbeit** vor und nach der Veranstaltung, z.B. durch Berichte in Fach- und Verbandszeitschriften, Dokumentation des Seminars (Buch, Aufsatz in einer Fachzeitschrift, Interview mit der örtlichen Zeitung oder dem Lokalradio, Seminarmappe, Online-Angebot auf Ihrer Homepage, CD-ROM ...). Das Ziel lautet, nicht nur Interesse bei möglichen Teilnehmern zu wecken, sondern sich in der öffentlichen Wahrnehmung als Fachmann für bestimmte Fragen/Themen zu positionieren.
- **Akquisition bei Seminaranbietern:** durch Anfragen, Angebote etc. Eine Übersicht über eine Vielzahl an Seminaranbietern mit ihren jeweiligen Schwerpunkten findet sich im jährlich neu veröffentlichten »Jahrbuch der Management-Weiterbildung« aus dem Gerhard-May-Verlag in Bonn (ca. 49,90 Euro).
- **Kostenrechnung:** Seminarpreiskalkulation: Honorare, Kosten für Verpflegung, Raum, Werbung, Preise bei Konkurrenzveranstaltungen, Break-even-Punkt, Mindesteilnehmerzahl festlegen! (Tipp: zwischen 5 und 7 Teilnehmern) Ein Kalkulationsschema folgt nach dieser Aufzählung.
- **Preisgestaltung:** Teilnahmegebühren sind immer ein Signal, ein Ausdruck der Wertigkeit. Bei Selbstzahlern stel-

len Kosten von über 90 Euro pro Tag eine eminent wichtige Hürde dar. Bei Firmenkunden hingegen können Seminarpreise von 500 Euro pro Tag und mehr verlangt werden, bei Führungsseminaren mit hochkarätigen Referenten spielend das Doppelte. Nonprofit-Organisationen stehen in der Regel in der Mitte zwischen den beiden benannten Polen.

- **Abwicklung der Zahlung:** Angabe eines Zahlungsziels auf Prospekt und Rechnung (möglichst vor Veranstaltungsbeginn, ansonsten zu Beginn der Veranstaltung einziehen). Dies erfordert natürlich auch eine Zahlungskontrolle der Teilnahmegebühren und ggf. Mahnungen.

Hinweise zur Seminarkalkulaton

Gerade bei der Kalkulation einer Veranstaltung werden häufig wichtige Punkte vergessen oder unnötige berücksichtigt. Der Veranstalter gefährdet damit unnötig den wirtschaftlichen Erfolg. Auf der Kostenseite schlagen das Referentenhonorar, die Kosten für den Tagungsort und die Werbungskosten zu Buche. Aber auch begleitende Services können die Kosten drastisch erhöhen. Auf der Einnahmenseite sind zunächst die Teilnahmegebühren zu sehen. Daneben können Zuschüsse von Dritten relevant sein. Zusätzliche Einnahmen z.B. aus dem Verkauf von Büchern werden kaum ins Gewicht fallen, wenn man sich nicht als unseriöser »Abzocker« profilieren möchte.

Damit Sie Ihre Veranstaltung sicher planen können, hilft Ihnen die nachfolgende Aufstellung:

KALKULATION EINES SEMINARS

Auf-wendungen	Vor-kalkulation	Nach-kalkulation	Erlöse	Vor-kalkulation	Nach-kalkulation
Honorare für Referenten			Teilnehmer-gebühren		
Spesen für Referenten			Zuschüsse aus privater Hand		
Tagungshotel (Raumkosten)			Nettoerlöse aus Verkäufen (z.B. Bücher)		
Unterbringung und Verpfle-gung der Teil-nehmer					
Services (Handouts, Bücher usw.)					
Weiteres Trai-ningsmaterial (z.B. Ver-brauchsmate-rial)					
Tagungstech-nik (Miete/ Kauf)					
Werbung für Seminar					
Sekretariat/ Organisation					
Rückerstattun-gen an Teil-nehmer etc.			Rückerstat-tungen von Hotels etc.		
Aufwand gesamt			Erlöse insgesamt		
Teilnehmer-zahl (Prog-nose)			Differenz zwi-schen Erlösen und Aufwand		
Aufwand pro Teilnehmer			Erlöse pro Teilnehmer		

Sinnvoll ist es, zunächst die Spalte »Aufwendungen/Vorkalkulation« auszufüllen. Eine vorsichtige Schätzung besagt, dass man zwischen 6 und 10 Teilnehmern rechnen kann. Je nach Thema kann man unterschiedlich hohe Seminarkosten ansetzen. Bei Seminaren zur beruflichen Bildung muss man mit folgenden Werten rechnen:

- **Referentenhonorar:** zwischen € 200 bis 600 bei ehrenamtlich Tätigen, bis zu € 1.200 bei Referenten, die z.B. als Unternehmensberater auf diese Einnahmen angewiesen sind (höhere Honorare rentieren sich nur bei Teilnehmerzahlen über 30 oder bei entsprechend hohen Seminarpreisen im Premiumsegment). Kalkulieren Sie damit, dass Sie als Referent für jeden Veranstaltungstag ca. 1 bis 2 Tage Vorbereitung benötigen. Entweder Sie bieten also Ihre Tätigkeit zu einem Dumpingpreis an und hoffen auf Anschlussaufträge (weitere Verpflichtung als Referent bzw. Berater) oder aber Sie müssen eine entsprechend hohe Honorarforderung erheben, mit der Folge, dass man Sie nicht verpflichten wird.
- **Referentenspesen:** nach Kalkulation des Anfahrtsweges (Anreise mit Auto: € 0,50/km, Bahnkarte I. oder II. Klasse, Flugzeug: ca. € 300 bis 500 plus Flughafentransfer)
- **Tagungshotel:** ca. € 30 bis 100 pro Raum, zusätzlich ca. € 10 bis 30 pro Person für Konferenzgetränke und Snacks

Kosten für eine Veranstaltung

- **Unterbringung und Verpflegung:** je nach Kategorie und Ort zwischen € 50 und 250 pro Tag bei Vollverpflegung und einer Übernachtung (Tagungspauschale anfordern!)
- **Services:** ca. € 5 bis 50 pro Person (je nach Aufwand für die Unterlagen, z.B. Anzahl der Kopien, Ordner ...)
- **Weiteres Tagungsmaterial** (d.h. Verbrauchsmaterial wie Flipchart-Papier und Moderationsmaterial etc.): ca. € 5 bis 20 pro Teilnehmer, sofern nicht vom Seminarhotel gestellt

Richtwerte für die Kalkulation

- **Tagungstechnik:** sofern nicht in der Tagungspauschale des Seminarhotels enthalten, ca. € 50 bis 100 für die Miete (Tipp: portable Tageslichtprojektoren, Beamer und Laptop gehören inzwischen zur Grundausrüstung bei regelmäßigen Seminaranbietern, man kennt das Material und kann damit umgehen.)
- **Werbung für die Veranstaltung** (Flyer, Direktmarketing, Anzeigen etc.): je nach Aufwand. Ein guter Mittelwert sind ca. € 50 bis 500 pro Veranstaltung, hochpreisige Anbieter setzen zum Teil bis zu € 1.500 und mehr für ein Seminar an.

Erlöse einer Veranstaltung

- **Sekretariat und Organisation:** Sofern hierzu Personen beschäftigt werden, empfiehlt es sich, eine Kostenpauschale von ca. € 20 bis 40 pro Teilnehmer anzusetzen.
- **Rückerstattungen:** Sofern unzufriedene Seminarteilnehmer sich beklagen, empfiehlt sich in begründeten Fällen eine »kulante« Handhabung, da sich unfreundliches Verhalten schnell herumspricht. Diese Position kann aber erst nach Durchführung ausgefüllt werden. Verlässliche »Erfahrungswerte« liegen leider nicht vor.

Mehrwertsteuer berücksichtigen!

Wichtig bei gewerblichen Anbietern: Alle Beträge netto rechnen, also ohne Umsatz- bzw. Mehrwertsteuer. Diese ist ein »durchlaufender Posten«. Addiert man die Positionen, kommt man zum Gesamtaufwand. Geteilt durch die Anzahl der prognostizierten Teilnehmer (z.B. 6 oder 10 Teilnehmer) erhält man den Aufwand pro Teilnehmer und damit die absolute Unterschwelle für den Veranstaltungspreis. Dies gilt zumindest für den Fall, dass man mit seinen Seminaren mehr als nur Werbung betreiben will. Ein Aufschlag von ca. 10 bis 20% für den Gewinn des Seminarveranstalters ist dann erstrebenswert.

- **Teilnehmergebühren:** Mit dem Aufwand pro Teilnehmer hat man die Basis für den Seminarpreis und damit für die Teilnahmegebühren: erforderlicher Gebührensatz mal prognostizierte Teilnehmerzahl.
- **Zuschüsse:** Sofern man zusätzlich Zuschüsse bekommt, öffnen diese die Bandbreite für die Teilnahmegebühren nach unten. Beispielsweise lässt sich in Nordrhein-Westfalen relativ leicht ein Zuschuss aus Landesmitteln erhalten, wenn es sich um ein öffentlich zugängliches und ausgeschriebenes Seminar eines gemeinnützigen Veranstalters handelt und der größere Teil des Teilnehmerkreises aus NRW kommt. Teilweise können auch Zuschüsse Dritter (z.B. bei kirchlichen Veranstaltungen aus kirchlichen Mitteln) verbucht werden.
- **Nettoerlöse aus Verkäufen:** Manche Seminarveranstalter können eigene Bücher, Handelswaren usw. an die Teilnehmer verkaufen. Einzusetzen ist hier der Nettoerlös der verkauften Waren, also die Handelsspanne (es sei denn, dass man auf der Seite »Aufwendungen« hierzu noch eine Zeile für Wareneinkauf aufnimmt). Dies ist zwar ein schöner Nebenerwerb, sollte aber keine zu große Bedeutung einnehmen. Oftmals geht diese Position

nur »zu null« auf, d.h., dass man keinen wirklichen Überschuss damit erzielt.

- **Rückerstattungen:** Manchmal ist man in der glücklichen oder unglücklichen Lage, Rückerstattungen von Vertragspartnern zu erhalten, z.B. weil versprochene Leistungen nicht erfüllt wurden. Diese verschönern natürlich das wirtschaftliche Ergebnis eines Seminars.

Eine Position ist in dieser Tabelle noch offen:

- **Die Differenz der Erlöse zu Aufwand:** Wenn die Erlöse größer sind als die Aufwendungen, hat man einen positiven Ertrag erzielt. Ist die Differenz hingegen negativ, hat man ein Defizit erwirtschaftet. So einfach ist das.

Als Richtwert gilt: Ein Seminar sollte sich mit 6 Teilnehmern tragen, mit 7 Teilnehmern Gewinn erwirtschaften! Ähnliches gilt für Workshops und Trainings. Schulungen werden mit mindestens 10 Teilnehmern kalkuliert.

Nach Durchführung der Veranstaltung sollte die gleiche Tabelle zur Nachkalkulation herangezogen werden. Problematisch sind zwei Entwicklungen:

1. Wenn die Zahl der Teilnehmer und damit die realisierten Teilnehmergebühren deutlich unter den angenommenen Werten liegen (Stellen Sie sich dazu folgende Fragen: Wenig interessantes Thema? Abschreckender Referent? Falscher Zeitpunkt für das Seminar? Zu hoher Preis? Falscher Veranstaltungsort/falsches Tagungshotel? Unzureichende/falsche Werbung?)

2. Wenn die Aufwendungen trotz genauer Angebote und Kalkulation deutlich über den prognostizierten Werten liegen (Ihre Fragen könnten lauten: Falsche Angebote? Falsche Information an das Seminarhotel? Ungeplante Zusatzkosten?)

Offene Manöverkritik vornehmen!

Hierzu muss, so banal dies klingt, eine offene, schonungslose Manöverkritik erfolgen. Hilfreich ist es, den Seminarteilnehmern einen Feedbackbogen zu geben, um so einen Eindruck aus Teilnehmersicht zu erhalten. Gerade ein falsches Seminarhotel oder ein zu hoher Preis wird meistens mitgeteilt. Ein ungeschickter Seminarreferent hingegen wird selten ohne Hemmungen benannt. Wenn sich mehrere Teilnehmer über den Referenten beschweren, so ist dies schon ein sehr massives Signal.

Die computergestützte Lehrveranstaltung

Technik soll das Lernen unterstützen, nicht behindern!

Über E-Learning gibt es vielfältige Vorstellungen. Die einen verstehen darunter den Einsatz von Computern im Unterricht, z.B. bei der Aneignung von EDV-Programmen oder der Bearbeitung von Planspielen. Andere bieten erste Informationen und eine Probelektion im Internet an. Dritte offerieren komplette Unterrichtseinheiten, die man sich nach Bezahlen einer Lehrgangsgebühr aus dem Internet abrufen kann. Grob gesagt kann man zwei Arten unterscheiden:

- **CBT/Computer Based Training:** computergestütztes Lernen: Die Lerninhalte werden in einer auf Computer bearbeitbaren Form (z.B. auf der Festplatte, einer CD-ROM oder auch im Internet hinterlegt) zur Verfügung gestellt.
- **WBT/Web Based Training:** internetgestütztes Lernen, d.h., dass die Lerninhalte über eine Adresse im Internet bzw. im Intranet eines Unternehmens oder einer anderen Organisation abgerufen und bearbeitet werden. Teilweise kann direkt aus dem Internet Hilfe aufgerufen und über das Internet bzw. Intranet der Wissensfortschritt geprüft sowie der Kontakt unter den anderen Lernenden hergestellt werden (WBT ist damit eine Unterart des CBT).

Diese Formen des Lernens können die Lehrtätigkeit in der Lernsituation unterstützen (z.B. bei EDV-Seminaren), sie können sie aber auch ergänzen oder gar ersetzen. Sie sollten das Lernen aber niemals behindern. Ein Beispiel für das Ergänzen: Einige Hochschulen in Deutschland bieten ihren Studenten an, bestimmte Lerninhalte über Internetangebote zu lernen, vor allem für Berufstätige ein sehr interessantes Angebot.
Ein anderes Beispiel, und zwar für das Ersetzen von Präsenzveranstaltungen: In den USA ist es in vielen Unternehmen bereits üblich, bestimmte Inhalte, z.B. Führungsgrundsätze, Grundsätze des Verhaltens gegenüber Kunden oder Produktwissen für neue Mitarbeiter, in einem Firmennetz zu hinterlegen. Die betreffenden Mitarbeiter müssen innerhalb eines vorgegebenen Zeitrahmens, z.B. zwei Monate, den Lerninhalt bearbeiten und durch bestimmte Prüfungen das erfolgreiche Lernen nachweisen.
Nun kann es nicht die Aufgabe des vorliegenden Werkes sein, ein Grundkonzept für E-Seminare vorzulegen. Dennoch ist es gerade im Hinblick auf die aktuelle Bedeutung von Computer und Internet nahe liegend, sich Gedanken über die Gestaltung von CBT- und WBT-Angeboten zu machen: z.B. ein Grund-

konzept für eine Lehrveranstaltung vorzubereiten, das eine Umsetzung sowohl in der herkömmlichen Form eines »klassischen Seminars« als auch in der innovativen Form eines E-Seminars zulässt.

Damit Sie sich entsprechend vorbereiten können, erhalten Sie eine Checkliste für die Fragen, die mit der Einrichtung eines E-Seminars entstehen.

CHECKLISTE E-SEMINAR

- Welche Lern- und Wissensstrategie soll verfolgt werden? (Als eigenständiges oder ergänzendes Angebot? Mit oder ohne späterer Erweiterungsmöglichkeiten?)
- Für welche Zielgruppe ist das Angebot konzipiert? Und wie kann die Zielgruppe das Angebot nutzen?
- Wie passt das E-Learning-Angebot zum Gesamtangebot der Lehrkraft allgemein (z.B. zur Angebotspalette des Unternehmens) und zum Lehrangebot der Lehrkraft (Ergänzung, Erweiterung, Ersatz für bisherige Lernangebote)?
- Ist der Lernstoff überhaupt zur Umsetzung in ein E-Learning-Angebot geeignet?
- Welchen zusätzlichen Nutzen erhält der Lernende durch das Angebot, den er bisher nicht oder so nicht hatte? Und ist dieser zusätzliche Nutzen für den Nutzer attraktiv genug, dass er sich auf das E-Learning-Angebot einlassen wird?
- Wie lässt sich das E-Learning-Angebot zur Kundengewinnung/-bindung einsetzen? Oder ist dies nicht erforderlich?
- Welche Lernformen sind sinnvoll einzusetzen? (Nur Stoffdarbietung oder auch Arbeitselemente wie z.B. Ausfüllen von Tests und Arbeitsblättern, Teilnahme an Planspielen etc.?)
- Welche Beiträge (Zeit, Nutzungsgebühren, Zugangswege) werden vom Lernenden verlangt? Und stehen diese in einem angemessenen Verhältnis zum erforderlichen Beitrag?
- Wie können Nutzungsbeiträge abgerechnet werden? (Durch Bankeinzug, Überweisung, Geldtransfer über Kreditkartenangabe ...)
- Wie wird der Zugang geregelt? (Freier Zugang durch Homepage oder kostenfreie Medien? Sicherung über Kennwort, eventuell mit zeitlich begrenzter Gültigkeit?)
- Gibt es technische Hindernisse? (Fehlende Unterweisung der Teilnehmer im Umgang mit dem Programm? Niedrig angesetzte Firewall, die das Aufrufen der Inhal-

te unterbindet bzw. die Applets vor dem Zugang stoppt? Fehlende Programme beim Nutzer?)

- Wie geschieht die Interaktion zwischen Lernendem und Lehrkraft? (Nur durch Reaktionen des Systems oder durch Eingriffe der Lehrkraft, z.B. durch Bewertung von Arbeitsergebnissen, Hilfestellungen im Netz oder mit anderen Kommunikationsmitteln wie z.B. einer Telefon-Hotline?) Und welche dieser interaktiven Elemente sind überhaupt sinnvoll?
- Soll es auch Interaktion zwischen den Lernenden geben (z.B. Chatrooms, Mailinglisten)?
- Wie können sich potenzielle Lernende über die Lernstoffe und Lernmethoden informieren (z.B. gedrucktes Werbematerial, Newsletter, kostenfreie Probelektionen ...)?

Das könnte noch nützlich sein

Good to know – das sollten Sie noch wissen

Schließlich gibt es immer wieder einige Dinge, die Sie noch gerne wissen wollen, die aber weiter oben keinen Raum fanden. Denken Sie z.B. an:

- Vertrag mit Partnern: Denken Sie z.B. an das Seminarhotel. (Leistungen wie Verpflegung und Unterkunft, Seminarerfrischungen, Tagungstechnik im Einzelnen festlegen.)
- Vertrag mit Dozent(inn)en: Welche Zahlungsweise gilt für das Honorar und die Spesen? Rechte und Pflichten beider Parteien, Möglichkeit des Rücktritts von der Veranstaltung bei unzureichender Teilnehmerzahl, dabei auch Ausfallhonorar festlegen.
- Infrastruktur: Stehen die benötigten Räume und Medien rechtzeitig zur Verfügung? (Tipp: nicht nur allgemein »Tagungstechnik« bestellen, sondern Katalog aufzählen!)
- Wollen Sie Allgemeine Geschäftsbedingungen (Anzahlung, Zahlungsweisen, Rücktrittsgebühren/Ersatzteilnehmer, Anmeldeschluss ...) aufstellen?
- Denken Sie an die Ausstellung eines Zertifikates/einer Teilnahmebestätigung als Anerkennung und als Nachweis gegenüber dem Arbeitgeber. (Inhalte können sein: Bezeichnung als Zertifikat/Teilnahmebestätigung, Nennung des Teilnehmers, Bezeichnung der Veranstaltung und Dauer, Aufzählung der Inhalte, evtl. Nennung der Trainer, Ort/Datum der Ausstellung und Unterschrift/en.)
- Denken Sie an eine angemessene Bekleidung: Wählen Sie als Referent bzw. Trainer die Kleidung sorgfältig aus, und zwar nach den Gesichtspunkten: Worin fühle ich mich wohl? Und: Wie werden meine Teilnehmer kommen? Erscheinen Sie am besten immer »einen Tick feiner sein« – so untermauern Sie die Seminarleitung.
- Gibt es sonst noch Dinge, die zu beachten sind? Die gibt es immer. Erstellen Sie sich dazu mit Fortschritt Ihrer Erfahrung eine Checkliste!

Anhang

Literaturempfehlungen

Wenn Sie das Thema »Gestaltung von Veranstaltungen« vertiefen wollen, sind folgende Werke sicher für Sie hilfreich:

- Brinkmann, Ralf D.: Techniken der Personalentwicklung – Trainings- und Seminarmethoden. Sauer, Heidelberg 1999 (Aus meiner Sicht eines der besten Nachschlagewerke für Erwachsenen- und Berufspädagogik)
- Döring, Klaus W.: Lehren in der Erwachsenenbildung. Beltz, Weinheim und Basel 1982
- Hartmann, Martin u.a.: Präsentieren, Präsentationen: zielgerichtet und adressenorientiert. Beltz, Weinheim und Basel 1991
- Kellner, Hedwig: Konferenzen, Sitzungen, Workshops effizient gestalten. 2. Aufl., Carl Hanser, München 2000
- Lahninger, Paul: Leiten, präsentieren, moderieren: lebendig und kreativ; Arbeits- und Methodenbuch für Teamentwicklung und qualifizierte Aus- und Weiterbildung. Ökotopia, Münster 1998
- Lindemann, Meike: Kreative Bausteine für den kaufmännischen Unterricht. Merkur, Rinteln 2001
- Seifert, Josef W.: Visualisieren, Präsentieren, Moderieren. 9. Aufl., Gabal, Offenbach 1996
- Siegert, Werner, u.a.: Das expert-Praxislexikon Management-Training. expert, Renningen 2001
- Sikora, Joachim: Handbuch der Kreativmethoden. 2. Aufl., KSI, Bad Honnef 2001
- Weidenmann, Bernd: Erfolgreiche Kurse und Seminare – Professionelles Lernen mit Erwachsenen. Beltz, Weinheim und Basel 2000
- Wolf, Hans: Tagungskonzeptionen. 2. Aufl., Selbstverlag des Euro-Marketing Veranstaltungsservice, 2000 (Gegen Schutzgebühr beim Herausgeber zu beziehen)

Fachzeitschriften

Wenn Sie sich stets aktuell informieren wollen, liegen diese Zeitschriften nahe:

- manager-seminar (derzeit € 8,50 pro Ausgabe, erscheint alle zwei Monate)
- training aktuell

Beide erhältlich im Verlag manager seminare Gerhard May VerlagsGmbH, Bonn, Fax: 02 28/61 61 64

Verband

Manche Referenten und Trainer schließen sich einem Verband an. Eine zentrale Organisation ist der Berufsverband Deutscher Verkaufsförderer und Trainer e.V. (BDVT), Elisenstr. 12–14, 50667 Köln, Tel. 02 21/92 07 60, BDVT.Koeln@t-online.de

Checkliste für die Bestellung des Tagungsraums/-hotels (Ankreuzliste zum Faxversand)

Medien- und Raumbestellung für das Seminar: ____________________

am ______________ im Tagungshotel/Tagungshaus ______________

Veranstalter: ______________ Tel.-Nr. für Rückfragen: ______________

a) Notwendige Medien:

- ___ Ex. Moderatorenkoffer
- ___ Ex. Flipchart mit/ohne Papier
- ___ Ex. Pinnwand (weiche Filzwand der Größe ___)
- ___ Ex. Stellwand
- ___ Ex. Tageslichtprojektoren mit/ohne Leerfolien
- ___ Ex. kopierte Handouts (liegen bis ______ zum Kopieren vor)
- ___ Ex. Videorecorder mit Videokamera und/oder mit Leinwand/Fernseher
- ___ Ex. CD-Player/Kassettenrecorder
- ___ Ex. Diaprojektor
- ___ Ex. Filmvorführgerät (___ -Standard)
- ___ Ex. Projektionsleinwand für Tageslichtprojektor/Film/Diaprojektor
- ___ Ex. Beamer
- ___ Ex. PC-Station
- ___ Ex. Internetanschluss

b) Sitzordnung: Anzahl: ___ Arbeitsplätze bitte einrichten:

❍ in Reihen mit/ohne Tisch	❍ im Halbkreis	❍ im Kreis
❍ in »Parlamentsform«	❍ in U-Form	❍ in Blockform
❍ in Kammform	❍ im Quadrat	❍ in ______

Vielen Dank! Datum: Absender:

Checkliste Funktionsüberprüfung vor Ort

- ❍ Tisch für Tagungssekretariat
- ❍ Erreichbarkeit für Post/Telefonanrufe/Fax-Nachrichten
- ❍ Garderobe
- ❍ Tisch für Pausen-/Erfrischungsgetränke und Snacks
- ❍ Bereitstellung Pausengetränke
- ❍ Bereitstellung Tagungsmappe mit Tischvorlage, Programm, Prospekten, Teilnehmerliste, Namensschild etc.
- ❍ Ggf. Bereitstellung von Schreibmaterial (Kugelschreiber/Bleistift, Papier)
- ❍ Bereitstellung Tassen, Gläser, Flaschenöffner, Aschenbecher
- ❍ Funktion Tageslichtprojektor
- ❍ Schärfe der Folien auf Tageslichtprojektor
- ❍ Blickrichtung bei Folien-/Beamer-/Film-/CD-ROM-Präsentation
- ❍ Notwendige Verdunklung (Möglich? Wo ist der Schalter? Wer bedient?)
- ❍ Toiletten offen und sauber
- ❍ Mahlzeiten: Anzahl, Menge, Menüwahl, besondere Diätwünsche, Bezahlung, Getränke, Uhrzeit

Mustervorlage für eine Teilnahmebescheinigung

Teilnahmebescheinigung/Certificate of Training

Herr/Frau Andrea(s) Mustermann

hat am 13.10.2001 am Seminar

»Seminare erfolgreich gestalten – 5 Schritte der Seminarplanung«

unter Leitung des Trainers/der Trainerin xy
mit Erfolg und großem Engagement teilgenommen

Inhalte des Seminars waren:

1. Festlegung des Themas
a) Klärung des Themas
b) Beschreibung der Neuartigkeit

2. Zielgruppenanalyse
a) Beschreibung der Zielgruppe
b) Klärung der Voraussetzungen
c) Motivation zur Teilnahme

3. Analyse des Lernstoffs
a) Analyse der Eigenschaften und Merkmale des Lernstoffs
b) Arten von Lernzielen
c) Definition von Lernzielen
d) Zuordnung von Lernzielen

4. Feinplanung des Stoffes
a) Planung des Vorgehens
b) Gestaltung der Veranstaltung
c) Vermittlungsmethoden
d) Sozialformen
e) Formen der Stoffvermittlung
f) Ablauf- und Zeitplanung
g) Medienauswahl und Medieneinsatz
h) Abschlusskontrolle
i) Lernzielkontrolle während des Seminars und nach dem Seminar

5. Sonstiges/Weiteres
a) Services
b) Betriebswirtschaftliche Fragen

München, den 13.10.2001

Dr. Steffen Hillebrecht, Studienass.
Leiter Personalberatung und -entwicklung

swh Training und Beratung, Musterstrasse 1, 82110 Musterstadt,
www.Musterdomain.de

Stichwortverzeichnis